Wichtig zu wissen

Jetzt kann's losgehen

Inhalt

Grundkurs Biogarten

Was ist ein Biogarten?

Alles, was im Biogarten zu tun ist, wird nach ganzheitlich-ökologischer Sichtweise getan. Biologisch Gärtnern bedeutet, die richtigen Handgriffe zu kennen, um die Gesundheit des Menschen und alle Lebensformen zu schützen, und chemische Maßnahmen durch natürliche zu ersetzen. Wer so gärtnert, wird ein Teil der Natur.

Ein lebendiger Boden

Der Biogärtner hat Achtung vor dem Boden und verwendet keine schädlichen chemischen Produkte, sodass sich alle Lebensformen optimal entwickeln können. Diese sanfte Methode des Gärtnerns verbessert und pflegt den Boden und erhält ihn auch für die zukünftigen Generationen gesund. So bleibt der Boden locker und krümelig. Sie müssen noch nicht einmal umgraben!

Nahrung für den Boden

Der Boden braucht wie alles Lebendige Nahrung. Der Kompost, in dem alle geeigneten Garten- und Küchenabfälle wiederverwertet werden, versorgt ihn mit den notwendigen Nährstoffen. Regenwürmer und Mikroorganismen reichern ihn mit Sauerstoff an und machen ihn fruchtbarer.

Der Wasserhaushalt

Der Wasserverbrauch eines lebendigen und bebauten Bodens ist 60 % niedriger als der eines offenen Bodens, der unbedeckt ist. Das Wasser wird durch die Pflanzen im Boden gespeichert und steht ihnen so für längere Zeit zur Verfügung.

Die biologische Vielfalt fördern

Pflanzen und säen Sie verschiedene Zierpflanzen, Obst und Gemüse und schaffen Sie unberührte Bereiche. In einer solchen Oase fühlen sich Gartentiere und Nutz-

Pflanzen reinigen das Wasser.

insekten wohl, die Ihnen bei der Bekämpfung von Schädlingen helfen können.

Chemie – nein danke

Die Angst, Schädlinge und Krankheiten könnten die Ernte zerstören und Zierpflanzen vernichten, hat verschiedenen Anbaumethoden „Tür und Tor" geöffnet, die gefährlich und belastend für Boden, Wasser, Tiere, Pflan-

SMART

Ändern Sie Ihre Sichtweise

› **Lernen Sie,** mit Tieren und Wilpflanzen zu leben. Ein Miteinander ist möglich.

Ein Biogarten fügt sich harmonisch in seine Umgebung ein, ohne das Gleichgewicht der Natur zu stören.

zen und Menschen sind. Stärken Sie die Abwehrkraft der Pflanzen mithilfe von Jauchen und Pflanzenbrühen, die für die Umwelt ungefährlich und trotzdem sehr wirksam sind. Setzen Sie zur Vorbeugung und Bekämpfung bevorzugt natürliche Produkte ein.

Umweltbewusst handeln

Verwenden Sie in Ihrem Garten Materialien, die man vor Ort findet (z. B. Steine, Ziegel, Holz), um Transport und Umweltverschmutzung in Grenzen zu halten. Wenden Sie mehr wirksame manuelle Methoden an und setzen Sie weniger Maschinen ein, die laut sind und die Umwelt belasten.

SMART

Mit Geduld

› **Durch Anwendung** geeigneter biologischer Methoden im Garten verschwinden unerwünschte Wildkräuter und Schädlinge nach etwa drei oder vier Jahren.

Das bleibt in Erinnerung.

Erster Schritt: Nachdenken

Sie wollen einen Biogarten anlegen oder den eigenen verändern? Nehmen Sie sich Zeit und beobachten Sie den Standort einige Monate oder sogar ein Jahr lang.

Beachten Sie das Wesentliche.

Was muss bedacht werden?

Zeit und Geld

Was erwarten Sie von Ihrem Garten? Wie viel wollen Sie für den Garten ausgeben? Wo liegen ihre körperlichen und zeitlichen Grenzen? Haben Sie Erfahrung oder sind Sie Anfänger?

Boden und Klima

Was für einen Bodenart haben Sie im Garten? Wie ist das Klima in Ihrer Region? Wie lässt sich die biologische Vielfalt fördern? Was wird erneuert, was kann bleiben? Was soll zuerst erledigt werden, was hat Zeit? Ist ein großes Vorhaben geplant (z. B. Erdarbeiten, Dränage)?

Ihr Traumgarten

Welcher Garten soll es sein: Blumen-, Gemüse-, Obst- oder Heilkräutergarten, gemischter Garten, Schattengarten, romantischer Garten? Wollen Sie eine Terrasse, einen Teich mit Wasserpflanzen und Fischen gestalten? Welche Bäume lieben Sie?

SMART

Machen Sie sich ein Bild

› **Laufen Sie** in Ihrem neuen Garten herum und stecken Sie die Wege und die Anbauflächen mit 1,5 bis 1,8 m langen Holzpflöcken ab. Sie bekommen so eine reelle Vorstellung davon, welche Gartenräume wohin passen. Zeichnen Sie danach den endgültigen maßstabgetreuen Plan.

Schmetterlinge willkommen!

Der ideale Biogarten vereint Moderne und Tradition.

Gestalten Sie Ihren Garten

Schaffen Sie im Garten einen Mikrokosmos:
▸ Berücksichtigen Sie immer die Umwelt.
▸ Geben Sie dem Garten 20 Jahre, bis er so weit ist.
▸ Kombinieren Sie neue Techniken mit traditionellen Methoden, die sich bewährt haben.
Das muss bei der Planung eines Gartens berücksichtigt werden:

❶ Der Standort (Topografie, Größe, Hanglage, Himmelsrichtung);
❷ Die Lage: Schatten, Sonne, Windverhältnisse (offene oder geschützte Lage);
❸ Bodenverhältnisse, Verfügbarkeit von Wasser;
❹ Sind Hecken vorhanden, gibt es einen Kompost, Flächen mit Wildbewuchs;
❺ Gibt es einen Geräteschuppen, Trockentoiletten (Wasser sparend);

❻ Bauten: Abgrenzungen, Pergolen, niedrige Mauern, Steingarten, Gewächshaus, Hühnerstall einplanen;
❼ Spiel- und Entspannungsbereich;
❽ Große Erdarbeiten in einem Arbeitsgang durchführen;
❾ Die attraktivsten Bereiche, die man vom Haus aus sehen kann, einplanen und gestalten.

Kleine Bodenkunde

Es ist nicht schwierig, die Beschaffenheit des Gartenbodens zu bestimmen. Wissen Sie dann, welche Bodenart vorliegt, können Mängel behoben und die Fruchtbarkeit verbessert werden.

Der Boden ist ein komplexes lebendes System. Er „verbaut" die Mineralien und das organische Material, die lebensnotwendigen Nährstoffe der Pflanzen. Milliarden von Mikroorganismen im Boden wandeln dabei abgestorbene Pflanzen- und auch Tierreste, Wasser und Luft in pflanzenverfügbare Nährstoffe um. Die verschiedenen „Baustoffe" werden von den Pflanzen aufgenommen und ermöglichen ein kräftiges Wachstum. Sie sorgen für Widerstandskraft gegen Krankheiten und natürliche Feinde.

Was ist das für ein Boden?

Der Boden kann tonhaltig, sandig oder lehmig sein. Neben diesen typischen Bodenarten gibt es aber auch Mischformen in unterschiedlicher Zusammensetzung.

▸ **Tonböden** erkennt man an Rissen, die in trockenen Zeiten sichtbar werden. In feuchtem Zustand klebt der Tonboden an den Fingern und lässt sich leicht formen. Er besteht aus feinsten Partikeln und ist schwer.

▸ **Sandböden** lassen sich sogar in feuchtem Zustand nicht formen und sind sehr durchlässig. Sie enthalten vorwiegend grobe Partikel, die zwischen den Fingern durchrieseln.

▸ **Lehmige Böden** zerbröckeln, wenn man sie in der Hand formt, wobei die feinsten Teilchen in den Hautrillen kleben bleiben. Nach Regen bilden sich auf der trocknenden Erde Krümel.

Bodenprobe leicht gemacht

Sand, Lehm oder Ton?

▸ **Test:** Entnehmen Sie Ihrem Boden bis etwa 20 cm tief Erde und füllen Sie ein Marmeladenglas zu zwei Drittel mit der Probe. Füllen Sie mit Wasser auf. Schütteln Sie das Ganze kräftig und lassen Sie es eine halbe Stunde stehen.

Nicht abgebauter pflanzlicher Abfall
Humus
Feiner Lehm (Schluff)
Ton
Feiner Sand

Steine und grober Kies

Bodenbestandteile sichtbar machen

Heidegewächse stehen auf sauren, durchlässigen und mageren Böden.

Der Ackersenf ist charakteristisch für fruchtbare Kalkböden.

Das Bodenleben findet in den oberen zwanzig Zentimetern statt.

▶ **Ergebnis** Die verschiedenen Bestandteile des Bodens setzen sich nach ihrer Schwere ab: auf dem Boden die groben Teilchen (Steine und Kies), darauf der Sand, dann die feinen und sehr feinen Partikel und auf der Oberfläche eine dünne dunkle Schicht aus Humus unter den nicht abgebauten pflanzlichen Abfallstoffen.

Aus diesem Aufbau können Sie entnehmen, in welchem Verhältnis die einzelnen Bestandteile vorliegen.

Bodenprofil

Heben Sie ein Loch von 35 bis 45 cm Tiefe aus. Glätten Sie die Vorderseite des Boden mit einem Spaten und sehen Sie sich die unterschiedlichen Farben an: Die oberste Schicht ist durch Anreicherung von organischem Material dunkel gefärbt; je tiefer desto besser. Die tiefer liegenden Schichten sollten von Gängen der Regenwürmer sowie von Wurzeln durchzogen sein, was auf einen belüfteten und krümeligen Boden hin deutet. In einem verdichteten, staunassen und sauerstoffarmen Boden ist kaum Leben.

pH-Wert-Messung

Der pH-Wert gibt an, ob der Boden sauer, neutral oder basisch ist. Einige Tropfen Essig bewirken auf einem neutralen oder sauren Boden ein leichtes Sprudeln. Die im Handel erhältlichen pH-Streifen geben den Säuregrad genauer an. Ein guter Gartenboden sollte einen pH-Wert zwischen 6,5 und 7,5 haben.

Was Zeigerpflanzen uns sagen können

Pflanzen	Boden
Heidegewächse, Fingerhut, Farn, Gänseblümchen, Ehrenpreis	Saurer Boden
Holunder, Hartriegel, Ackersenf, Erdrauch, Storchschnabel, Wegwarte, Gauchheil	Kalkhaltiger Boden
Brennnessel, Amarant, Taubnessel und Rose	Stickstoffreicher Boden
Moos, Wegerich	Verdichteter oder nährstoffarmer Boden

Eine Kur für vernachlässigte Böden

Nach umfangreichen Erdarbeiten, Hausbau, Sanierungsarbeiten oder Anlage einer Zisterne für Regenwasser ist der Gartenboden häufig verdichtet und die Bodenschichten vermischt. Ein Bodenleben ist nur noch bedingt möglich. Vor dem Pflanzen benötigt der Boden dringend eine Kur!

Das hilft dem Boden

▸ **Lockern** Sie den Boden bei trockenem Wetter mit einer Grabegabel gründlich, um die Verdichtungen in der Bodenstruktur aufzubrechen.

▸ **Ebnen** Sie den Boden und geben Sie dem Garten wieder Form.

▸ **Humuserde kann etwa 30 cm hoch** zugegeben werden. Achten Sie darauf, dass sie keine Herbizide und andere Schadstoffe enthält.

▸ **Entfernen** Sie die Wurzeln von Quecke, Distel, Ackerwinde und anderen ausdauernden Wildkräutern.

▸ **Das Absammeln** von großen Steinen und Bauschutt oder Metallteilen ist vor der Pflanzung wichtig. Die Steine können Sie für Trockenmauern oder Steingärten verwenden.

▸ **Arbeiten Sie Kompost ein** und säen Sie eine Mischung aus 8 bis 12 verschiedenen Gründüngerpflanzen aus, die Leguminosen, Gräser, Senf, Bienenfreund und Buchweizen enthält.

▸ **Sorgen Sie für Entwässerung** bei übermäßigem Bodenwasser.

SMART

Regenwürmer anlocken

› **Mulchen Sie** den Boden und bringen Sie eine Brühe aus Baldrianblüten aus, damit Regenwürmer wieder aktiv werden.

Lassen Sie sich Zeit

Ein vernachlässigter Boden benötigt drei bis sechs Monate, um sich wieder zu erholen und das Bodenleben in Gang zu bringen. In

Der perforierte Schlauch dient der Entwässerung.

Die Luzerne dringt bis zu 5 m tief in den Boden ein.

Bodenschädlinge mögen keine Tagetes.

dieser Zeit sollten immer Gründüngungspflanzen abwechselnd mit Blumen und Gemüse den Boden bedecken. Vermeiden Sie Monokulturen, die den Boden auslaugen und Krankheiten begünstigen.

Hilfe durch Pflanzenwurzeln

Was Wurzeln und Regenwürmer leisten

Pflanzenwurzeln breiten sich im Boden aus und erleichtern den Regenwürmern so die Fortbewegung. Diese wichtigsten Arbeiter des Bodens werden vom organischen Material angelockt. Indem sie vertikale Gänge durchbohren, lockern sie den Boden und machen ihn durchlässiger; sie verdauen Pflanzenreste und bilden Humus. Bald ist der

Wurzeln festigen den Boden und sorgen für aktives Bodenleben.

Kompost wird auf dem Boden verteilt und bringt so das Bodenleben wieder in Schwung.

Boden locker, luftig und eignet sich für den Anbau aller Pflanzenkulturen.

Wurzeln, die Gifte abbauen

Einige Kulturen tragen in besonderer Weise zur Bodengesundung bei. Die Pflanzen haben Oberflächenwurzeln, Pfahlwurzeln oder in sehr tiefe Bodenschichten eindringende Wurzeln. Im Allgemeinen wachsen sie in Symbiose mit Bakterien und Pilzen, die ihnen helfen, den Boden zu entgiften und bestimmte Schädlinge abzuwehren. Ein gutes Beispiel

hierfür sind Sonnenblume und Amarant, die Schwermetalle im Boden abbauen.

Abwehr und Anreicherung

Die Luzerne bildet sehr tief reichende Wurzeln aus, die mit zahlreichen Bakterien in Symbiose leben. Sie aktivieren das Bodenleben, indem sie den Luftstickstoff binden. Die Kapuzinerkresse bedeckt den Boden und wehrt durch spezielle Wurzelausscheidungen zahlreiche Schädlinge ab; Ringelblumen und Tagetes halten ebenfalls Kulturschädlinge fern.

Wichtig zu wissen

Das biologische Gleichgewicht

Nutzen Sie die Arbeit der Bodentiere und der verschiedenen nützlichen Pflanzen, nehmen Sie beim Anbau Rücksicht auf Klima und Bodenverhältnisse und arbeiten Sie im Rhythmus der Jahreszeiten; das ist viel einfacher als dagegen zu kämpfen. Die Natur ist niemals unser Feind, sondern unser bester Verbündeter.

Umdenken ist angesagt

Im Garten wird angebaut und geordnet, ausgewählte Pflanzen produzieren Blüten, Früchte und Blätter in großen Mengen. Häufig gehen diese Pflanzen ohne unsere Pflege zugrunde, denn sie sind gegen Krankheiten und Schädlinge weniger gut gewappnet als die Wildpflanzen. Man muss sie schützen und gut versorgen.

Wild- und Kulturpflanzen

Ein Miteinander ist möglich – in Maßen!
Viele Wildpflanzen sind durchaus tolerierbar. Sie sorgen für eine ausgeglichene Bodenfeuchte und -bedeckung und bieten nützlichen Insekten Nahrung und Unterschlupf. Einige von ihnen, wie Giersch, Ackerwinde und Weißklee sind als Wurzelunkräuter im Garten aber sehr lästig.

Probieren Sie Verschiedenes aus

Pflanzen Sie zunächst viele verschiedenen Arten und Sorten und beobachten Sie deren Wachstum. Nur die gesunden, sich gut entwickelnden Pflanzen sind für Ihren Garten geeignet. Achten Sie auch auf unerwünschte Wildkräuter, die anzeigen, woran es dem Boden mangelt oder was im Übermaß vorliegt (siehe Seite 34–35).

Efeu, Unterschlupf für Tiere

Holunder, kleine Wildfrüchte

Hummel, ein wichtiger Bestäuber

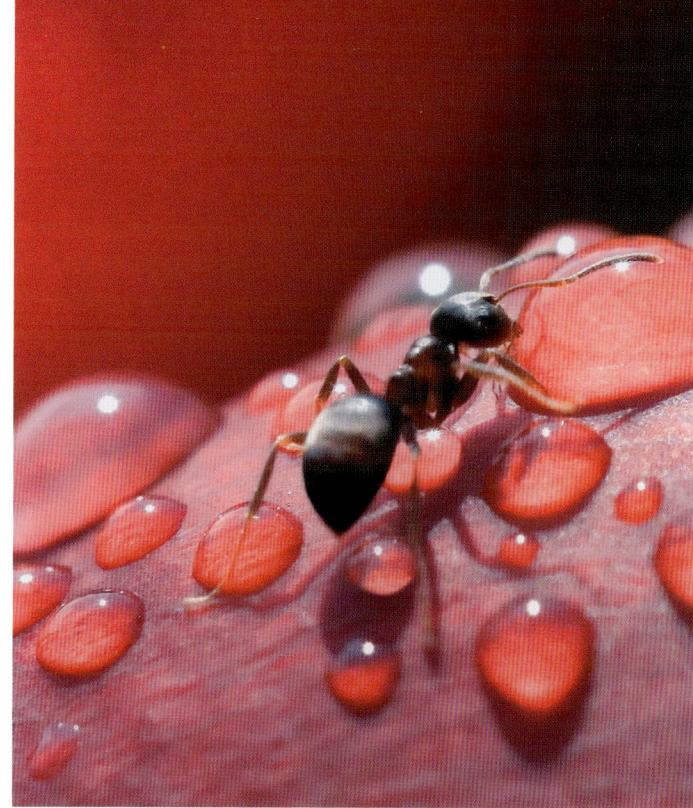

Vorsicht bei Wurzel-unkräutern

› **Bearbeiten Sie** einen ver-
unkrauteten Boden nicht
mit der Motorhacke. Aus
kleingehackte Wurzeln
von Quecke, Ackerwinde
und Disteln entstehen
neue Pflanzen.

Echsen lieben sonnige Plätze.

Wasser ist für Tiere und Pflanzen unentbehrlich.

Der eingewachsene Garten

Hier hat die Natur meist die
Oberhand gewonnen. Eine
ordnende Hand sollte mit
Bedacht eingreifen und unbedingt einige Bereiche auch
weiterhin der Natur über-
lassen. Bestimmte Flächen
können mit Blumen oder
Gemüse bestückt werden.
Überschätzen Sie aber bei
aller Arbeit Ihre körperlichen Kräfte nicht. Hecken
müssen gekürzt und große
Bäume gestutzt werden, damit ihr Schatten das Wachstum der anderen Pflanzen
nicht beeinträchtigt.

Der eintönige Garten

Große Rasenflächen um-
geben von eintönigen
Thujen- oder Liguster-
hecken sind mancherorts
noch immer zu finden.
Bäume mit buntem Laub
und die Verkleinerung
der Rasenflächen wirken
hier schon Wunder.
Legen Sie Beete für Som-
merblumen, Stauden
und Gemüse an, um die
Artenvielfalt zu erhöhen.
Gemäht werden müssen
nur Durchgangs- und Erho-
lungsbereiche, die restlichen Grasflächen schneidet
man nur einmal im Jahr.
Wählen Sie bei Neupflan-
zungen immer einheimi-
sche Arten aus. Es ist
wichtig, ein optisches und
gartenbauliches Gleich-
gewicht zwischen Nutz-,
Zier- und Obstgarten und
Gehölzen zu schaffen.
Wasser darf im Garten
nicht fehlen: Tränken oder
ein kleiner Tümpel fügen
sich meist problemlos ein.

Bodenbearbeitung: die richtigen Methoden

Der richtige Zeitpunkt für die Bodenbearbeitung ist im Frühjahr oder Herbst gekommen, wenn die Erdschollen in der Hand bröckelig werden. Das Lockern der Bodenoberfläche bringt das Bodenleben in Schwung und begünstigt das Anwachsen der Pflanzen.

Der Boden ist ein komplexer Organismus. Er setzt sich aus verschiedenen Mineralien, Humus und zahlreichen Mikroorganismen zusammen, aber auch größere Tiere wie Regenwürmer und Insekten leben im Boden. Ist alles intakt, wird die Nahrungskette nicht unterbrochen. Durch das Lockern der oberen 10 bis 15 cm, wird der Boden durchlüftet und der Luft-Wasser-Austausch im Wurzelbereich reguliert.

Aus alt mach neu

Wollen Sie eine alte Wiese urbar machen, mähen Sie zunächst den Bewuchs ab. Anschließend kommt Kompost auf die Fläche. Brechen Sie die großen Erdschollen auf oder pflügen Sie die Fläche vor dem Winter. Im Frühjahr werden dann die restlichen Wurzeln entfernt. Der Boden wird nun mit einem Krail (Vierzahnhacke) zerkrümelt und die Wurzeln

herausgezogen. Sie können jetzt Kohl, Sellerie, Lauch, Tomaten oder Kürbis pflanzen. Eine andere Methode: Decken Sie die gesamte Anbaufläche mit schwarzer Folie oder Kartons ab. Nach zwei Monaten haben sich unerwünschten Wildkräuter zersetzt; der Boden ist locker und lässt sich leicht bearbeiten.

Der kultivierte Boden

Hier fällt die Arbeit leicht: Es genügt, den Boden durch oberflächliches Hacken oder durch Jäten zu lockern. Bevor Sie etwas aussäen, lassen Sie den unerwünschten Wildkräutern Zeit zu keimen. Erst dann werden sie entfernt (siehe Seite 34–35). Dieser Arbeitsgang ist unerlässlich, wenn Sie langsam keimendes Gemüse, wie Petersilie, Feldsalat oder Möhren aussäen wollen.

Den Boden nach dem Abdecken mit dem Krail bearbeiten.

Des Widerspenstigen Zähmung

> **Der Boden** ist hart und lässt sich nicht bearbeiten? Wässern Sie zunächst ein bis zwei Stunden lang. Einen Tag trocknen lassen, bis die Erdschollen zerbröckeln. Verdichteter Boden lässt sich mit der Grabegabel bearbeiten.

Der sandige Boden

Mulchen Sie den Boden oder säen Sie im Herbst Gründüngerpflanzen aus, die bis zum Frühjahr verbleiben. Sie bedecken den Boden und verhindern das Auswaschen der Nährstoffe. Bearbeiten Sie sandige Böden im Spätwinter.

Der tonhaltige Boden

Dieser oft kalte und dichte Boden wird im Herbst mit einer Grabegabel oder der Bio-Grabegabel gelockert, ohne die groben Erdschollen zu wenden. Frost und Tauwetter führen zu einer Zerkrümelung der Erdklumpen. Das erleichtert die Arbeit im Frühjahr. Decken Sie den Boden nicht ab, sondern lassen Sie die Sonne für sich arbeiten. Sie soll den Boden erwärmen.

Ausgeglichene Bodenverhältnisse

Ein lockerer Boden, der gut mit Kompost versorgt und die meiste Zeit des Jahres mit Pflanzen bedeckt ist,

Eine Stoßhacke eignet sich für oberflächliche Arbeiten.

bietet die besten Voraussetzungen für das Pflanzenwachstum. Säen Sie immer wieder Gründüngungspflanzen, wie Puffbohne oder Bienenfreund, aus und halten Sie unerwünschte Wurzelunkräuter in Schach.

Unentbehrlich – die Bio-Grabegabel

Wie alle anderen Grabegabeln erleichtert auch dieses Gerät die Bodenbearbeitung und schont Ihre Kräfte. Ein lockerer Boden ist reich an Sauerstoff. Die unerwünschten Wildkräuter lassen sich leicht entfernen. Ohne Umgraben bleibt das Bodenprofil erhalten und die Regenwürmer werden nicht gestört.

Gute krümelige Erde

Welche Hacke nehme ich?

Arbeitsgeräte müssen der Kraft und der Größe des Gärtners gerecht werden. Sie müssen so in der Hand liegen, als wären sie speziell für ihre Bedürfnisse gemacht worden. Um die Geräte optimal einzusetzen, muss man sie regelmäßig pflegen.

Unentbehrliche Gartengeräte

GERÄT		ZU BEACHTEN	VERWENDUNG
Bio-Doppel- grabegabel mit speziellen Zinken		Wählen Sie die Zahl der Zinken nach der Bodenart und Ihrer zur Verfügung stehenden Kraft.	• Tiefgründige Bodenbear- beitung ohne umzugraben (geringste Anstrengung); • im Garten unentbehrlich
Sauzahn		Achten Sie auf die richtige Stiellänge. Es gibt bereits Sauzähne mit ergonomisch gebogenem Stiel.	• Schonende Lockerung des Bodens • Belüftung des Bodens • Einarbeitung von Kompost und Zwischendüngung
Krail (Vierzahn- hacke)		Bevorzugen Sie Krails mit feinen und spitzen Zinken und mit langem Griff.	• Erdklumpen zerkrümeln • Boden über 10 cm belüften und lockern • Unkrautwurzeln ausheben • Beete ebnen
Kultivator		Die Zinken sollten nicht an- gelötet sein. Achten Sie auf einen langen Griff.	• Bodenlockerung zwischen den Pflanzenreihen • Saatbeetvorbereitung
Ziehhacke		Prüfen Sie die Länge des Griffs und den Winkel des Blatts.	• Oberflächliches Jäten • Bodenlockerung • Unerwünschte Sämlinge entfernen
Pflanzkelle		Pflanzgeräte müssen nach jedem Gebrauch gründlich gereinigt werden.	• Jungpflanzen mit Ballen oder nackten Wurzeln einsetzen
Grabegabel		Prüfen Sie die Ausrichtung der Zinken.	• Umgraben • Verdichtungen aufbrechen • Sträucher pflanzen

Kompost aufsetzen

In einen Biogarten gehört ein Kompostplatz, denn alle organischen Abfallstoffe werden verwertet. Mit gutem Kompost lässt sich die Fruchtbarkeit des Bodens enorm steigern.

Um ein aktives Bodenleben zu erhalten, bedarf es entsprechender Nahrung in Form von Kompostgaben. Aus dem Kompost entwickelt sich dann im Boden Humus – der Ausgangsstoff aller fruchtbaren Böden! Bakterien und mikroskopisch kleine Pilze zersetzen organisches Material, das so von den Pflanzenwurzeln aufgenommen werden kann. Ein durchlüfteter, lockerer und bearbeiteter Boden ist Ausgangsmaterial für gesunde Pflanzen, die hohe Erträge bringen. Kompost ist jedoch nicht gleich Kompost, und ein Kompostbehälter ist kein Abfalleimer. Gehen Sie beim Kompost ansetzen genauso sorgfältig vor wie bei der Herstellung von Käse oder Wein. Ein gelungener Kompost ist wie Brot für den Boden.

Kompost-Zutaten

Verwenden Sie alle Grundstoffe aus dem Garten und aus der Küche. Kompostieren ist die Kunst, Reste zu verwerten. Wenn möglich, mischen Sie frischen Stalldung aus biologischer Bewirtschaftung bei. Trockene Materialien wie Laub, Stroh, Gehölzhäcksel müs-

Die kleinen roten Kompostwürmer finden sich schnell im Kompost ein.

sen immer ausreichend mit feuchten (Rasenschnitt, Obst, Dung, frisches Laub) gemischt werden, damit die Luft zirkulieren kann. Legen Sie dünne Schichten an oder mischen Sie alles. Halten Sie das ganze Material sehr feucht: 60 bis 70 %. Lockern Sie den Kompost gelegentlich, damit Luft herankommt und er nicht zu faulen beginnt. Setzen Sie ihn bei Bedarf um.

So geht's schneller

› **Gibt man Brennnesseln und Beinwell** zum Kompost wird die Verrottung beschleunigt. Andere Pflanzen wie Kamille, Baldrian, Schafgarbe, Ackerschachtelhalm und Löwenzahn begünstigen die Entwicklung von Mikroorganismen und Pilzen.

Methode 1: Den Komposthaufen auf einmal aufsetzen

Nachdem Sie Stroh, Laub, frischen Stallmist, Küchen- und Gartenabfälle gesammelt haben, wird der Komposthaufen folgendermaßen zusammengestellt: Zuunterst kommen die groben Bestandteile und Äste, die für Belüftung sorgen sollen. Darüber wird ein kegelförmiger Haufen aus unterschiedlichen Materialien, zum Beispiel Küchenabfällen, Schnittgut aus dem Garten, Holzhäcksel, aufgeschichtet. Das Verhältnis feuchte Bestandteile zu trockene Materialien sollte bei etwa 1:20 liegen. Gießen Sie den Komposthaufen, drücken Sie ihn nicht zusammen. Der ideale Umfang ist 150 bis 200 cm Breite und 100 bis 150 cm Höhe.

Durch das Sieben wird der Kompost von Engerlingen und groben Bestandteilen befreit und man erhält eine Erde, die aussaatfertig ist. Jeder Kompost sollte gesiebt werden.

Den Abschluss bildet eine 15 bis 20 cm hohe Strohschicht. Decken Sie den Hügel bei Dauerregen oder großer Hitze ab. Große Kompostmieten bilden Rottewärme, wodurch zahlreiche Schädlinge und Unkrautsamen abgetötet werden.

Zweite Methode: Nach und nach kompostieren

Diese Methode macht weniger Arbeit, und der Kompost wird nach und nach im Laufe eines Jahres aufgebaut. Geben Sie auf den Boden die groben Materialien, um eine ausreichende Luftzufuhr zu erreichen. Der Komposthaufen wächst nach und nach durch das Hinzufügen neuer Materialien. Variieren Sie die Zutaten in jeder Schicht: Zwischen Strohschichten oder trockenen Laubschichten soll frischer Rasenschnitt ausgebreitet werden. Halten Sie immer Stroh, kleine Stöckchen oder Holzhäcksel bereit.

Bei dieser sogenannten „kalten" Methode muss man

Schrittweise kompostieren: Man gibt die Abfälle nach und nach zu.

darauf achten, dass sich Krankheiten und Unkrautsamen nicht ausbreiten: Ohne Temperaturanstieg werden sie nicht vernichtet! Lockern und gießen Sie jede Schicht, damit Luft in die Mitte des Haufens gelangt. Aus dem Komposthaufen soll kein stinkender Saft auslaufen. Decken Sie ihn zum Schutz mit Stroh, Laub oder einer Plane ab.

Der richtige Platz

Komposthaufen sollten etwas abseits, aber gut erreichbar im schattigen Bereich des Gartens platziert werden. Am besten schichtet man den Kompost auf dem Boden auf. Ohne Behälter geht das Umsetzen einfacher. Der Boden kann leicht aufgehackt werden, ein Loch muss man für den Kompost aber nicht graben. Keinesfalls dürfen Sie den Haufen zusammendrücken, denn sonst beginnt er zu faulen, und die Nährstoffe gehen verloren. Das Volumen eines Komposthaufens darf nicht geringer als 1 m³ (1000 l) sein. In einem kleineren Komposthaufen findet kaum ein Rotteprozess statt.

Komposter

Ob handelsübliche Kompostsilos oder selbst gemachte Steigen, die Behälter haben keinen Einfluss auf die spätere Qualität des Kompostes. Sie spielen nur eine ästhetische Rolle in Ihrem Garten, die aber durchaus bedacht sein sollte. Sie können eine Steige aus unbehandeltem Holz, einen Kompostplatz aus Betonwänden oder einen Gitter- oder Metallkomposter verwenden. Wichtig ist das Volumen (mindestens 1 m³) des Behälters und die Zusammensetzung der Abfälle, die auf dem Kompost landen. Wenn man die Vorderseite entfernen kann, geht das Umsetzen leichter.

Ein Kompostbehälter zum Aufbau, der seitlich geöffnet werden kann.

Das darf nicht auf den Kompost

– Stroh aus konventionell wirtschaftenden Betrieben, Stallmist, der Antibiotika oder Insektizide enthält, Grasabfall vom Straßenrand.
– Knochen, Leder, unzerkleinertes Holz, gekochte Speisereste, Fleisch.
– Abfälle von chemisch behandelten Pflanzen, kranke Pflanzenteile. Die Wurzeln von ausdauernden Unkräutern (Distel, Ackerwinde, Quecke) dürfen erst nach zweimonatigem Trocknen zum Kompost gegeben werden.

SMART

Wohin mit großen Ästen und Abfällen?

› **Steht kein Häcksler** zur Verfügung, kann man große Äste und sperrige Materialien auf einen Haufen schichten. Igel, Vögel und nützliche Insekten finden hier Unterschlupf und Nahrung. Nach zwei bis drei Jahren hat sich das Holz zersetzt und kann auf den Kompost gegeben werden.

Dünger und Bodenverbesserer

Der Boden braucht wie alles Lebendige die richtigen Nährstoffe, um gesund zu bleiben. Verabreichte Dünger und Bodenverbesserer werden umgewandelt und geben den Pflanzen Nahrung, Widerstandskraft und sorgen für ein biologisches Gleichgewicht.

Bevor Dünger eingesetzt werden, sollte eine Bodenprobe durchgeführt werden. Nur so können Sie abschätzen, welche Nährstoffe der Boden noch braucht und welche im Überfluss vorhanden sind. Die wichtigsten Elemente sind aber Wasser und Luft, die dank Mikroorganismen und Bodenbearbeitung zur Verfügung stehen. Außerdem ist gute Komposterde im biologischen Gartenbau der Grunddünger, der sich für alle Böden eignet. Er macht Tonböden leichter,

speichert das Wasser in Sandböden, belüftet lehmige Böden und ermöglicht den Regenwürmern und Mikroorganismen, sich rasch zu entwickeln. Diese fleißigen Arbeiter durchmischen den Boden und reichern ihn mit ihren Ausscheidungen und letztendlich mit ihren eigenen Überresten an. Sie zersetzen organisches Material, damit es von den Pflanzen aufgenommen werden kann. Sie scheiden Enzyme und Antibiotika aus, die Bodenschädlinge und -krankheiten

abwehren oder in Schranken halten.

So bleibt der Boden fruchtbar

Was zu tun ist:
▸ Bringen Sie regelmäßig Kompost aus.
▸ Gießen Sie nicht übermäßig.
▸ Decken Sie den Boden mit Mulch, Gründüngungspflanzen oder Gehölzhäcksel ab.
▸ Graben Sie den Boden nicht um, brechen Sie aber die Verdichtungen mit der Bio-Grabegabel oder dem Sauzahn auf.
▸ Achten Sie auf einen neutralen Säuregrad (pH 6,5 bis 7): Das ist der pH-Wert, den die meisten Gemüsepflanzen bevorzugen. Wenn der Boden kalkhaltig (basisch) ist, sollten keine kalkhaltigen Bodenverbesserer wie Asche, Kalkmergel oder Algenkalk ausgebracht werden. Säen Sie besser Gründüngungspflanzen wie Senf aus. Für saure Böden ist

Ein Regenwurm verdaut täglich das Doppelte seines Gewichts an Erde. Sein Kot wirkt als Dünger für Pflanzen.

Pflanzen aus der Familie der Schmetterlingsblütler binden mithilfe ihrer Wurzeln Luftstickstoff im Boden.

Kompost der beste Bodenverbesserer. Zur pH-Wert-Steigerung eignen sich auch Thomasmehl oder Basaltmehl sowie Hüttenkalk.

Darauf sollten Sie achten

Verwenden Sie biologisch gekennzeichnete Düngemittel. Fertigmischungen: Verwenden Sie keine synthtisch hergestellten Düngemittel und vor allem keine Superphosphate (Kaliumchlorid, Kaliumphosphat, Ammoniumnitrat, Ammoniumsulfat). Diese Düngemittel werden im Boden sehr schnell ausgewaschen und belasten damit das Grundwasser. Bei

Phacelia (Bienenfreund) ist eine vielseitige Zwischenfrucht.

Mehrnährstoffdüngern kommt es leicht zur Überdüngung, sodass die Pflanzen ihre Stabilität verlieren und anfälliger gegen Krankheiten werden. Die Hauptnährstoffe der Pflanzen: Nach Kohlenstoff aus der Luft und Wasser sind es Stickstoff (N), Phosphor (P) und Kalium (K).

Handelsübliche Biodünger

Hornspäne und Hornmehl sind die klassischen organischen Stickstoffdünger.

Eine Überdüngung ist durch die langsamere Abgabe des Nährstoffs kaum möglich. Rinderdung wird von vielen Herstellern biologischer Düngemittel angeboten. Es handelt sich hierbei um einen biologischen Mehrnährstoffdünger aus N/P/K. Urgesteinsmehl zählt zu den Bodenverbesserern. Das Mehl bewirkt eine Verbesserung des Lufthaushaltes bei schweren bindigen Böden. Algenkalk versorgt den Boden mit Kalk.

DÜNGER	HERKUNFT ODER PRODUKTE	MENGE	GABE-TERMINE
Stickstoff	Hornmehl mit Phosphor und Schwefel	200–300 g/10 m²	Januar bis März
	Wolle, Federn, Pferdehaar mit Schwefel	1 bis 2 kg/10 m²	Januar bis März
	Guano mit Phosphor und Kalium	150–300 g/10 m²	März bis Juni
	Vogelkot mit Phosphor	200–300 g/10 m²	Januar bis März
	Rizinuswurzeln mit Phosphor, Kalium und Spurenelementen	1 bis 2 kg/10 m²	Februar bis Mai
Auf Phos-phorbasis	Horn- und Knochenmehl mit Kalk	200–300 g/10 m²	Januar bis Mai
	Phosphat	200–300 g/10 m²	Januar bis März
	Thomasmehl mit Kalk und Silizium	300–500 g/10 m²	Januar bis März
	Natürliche Phosphate	200–300 g/10 m²	Januar bis März
	Guano	200–300 g/10 m²	Februar bis Juli
Auf Kalium-basis	Vulkangesteinsmehl (mit zahlreichen Mineralien und Spurenelementen)	10 kg/10 m²	Januar bis März
	Kalimagnesia	200 g/10 m²	Januar bis März
	Patentkali mit Magnesium und Schwefel	200–300 g/10 m²	Januar bis Mai
Auf Kalzium-basis	Holzasche (nicht auf feinem Ton)	300 g bis 1 kg/10 m²	Januar bis März
	Mergel (verbessert den Säuregehalt des Bodens)	1 bis 3 kg/10 m²	September bis Dezember
	Thomasmehl	300–500 g/10 m²	September bis Dezember
	Dolomit (mit Magnesium)	300 g bis 2 kg/10 m²	Oktober bis Dezember
	Lithothame (eine Alge) mit Magnesium und Spurenelementen; in geringen Mengen einsetzen, da es ein seltenes Produkt aus dem Meer ist, das sich sehr langsam entwickelt.	100–400 g/10 m²	Januar bis März
	Zermahlener Kalkstein	300 g bis 2 kg/10 m²	Januar bis April
Organische Handelsware	Verschiedene Substrate	1 kg/10 m²	April bis Juli
	Trockendung	1 bis 5 kg/10 m²	Januar bis April
	Getrocknete Luzerne	2 bis 6 kg/10 m²	März bis Juni
Pflanzliche Dünger	Pflanzenjauche, verdünnt	5 bis 10 l/10 m²	März bis August
	Algen (getrocknet oder flüssig)	1 bis 5 kg/10 m²	April bis August

Einer für alles

> **Sprühen Sie** einen kalten Kompostauszug auf die Pflanzen, um sie vor Schädlingen und Krankheiten zu schützen: 10 kg frischen Kompost in 20 l Wasser geben und drei Tage stehen lassen. Abseihen, verdünnen auf 1:3 und schwächelnde Pflanzen damit drei- bis viermal im Jahr besprühen.

Auszüge und Jauchen versorgen die Pflanzen mit Nährstoffen und schützen vor Schädlingen und Krankheiten.

Pflanzlicher Dünger

Pflanzenjauchen: 1 kg Brennnessel, Beinwell oder Borretsch (ganze Pflanzen) in 10 l Regenwasser ansetzen, kräftig umrühren, zwei bis drei Wochen stehen lassen. Decken Sie den Behälter ab, um unangenehme Gerüche zu verhindern. Zum Ausbringen verdünnt man die Jauche mit Wasser (1:20). Als Blattdünger spritzt man die Jauche auf die Blätter, ansonsten an die Wurzeln.

Meeresalgen: Die entsalzten Algen ergeben einen Volldünger mit vielen Spurenelementen. Sie verbessern die Erträge und die Widerstandskraft gegen Krankheiten deutlich. Flüssige Algenextrakte können auf die Blätter gesprüht werden.

Das Federvieh düngt den Garten und frisst die Schädlinge.

Bodenabdeckungen

In der Natur ist der Boden niemals kahl außer nach Brandkatastrophen, Überschwemmungen oder in Wüstenregionen. In Biogärten wird dieses Prinzip der Natur nachgeahmt, indem versucht wird, den Boden stets abzudecken. Neben Pflanzen eignen sich verschiedene Mulchmaterialien.

Der Boden ist verschiedenen Einflüssen ausgesetzt. Wind und Sonne können ihn austrocknen, starke Regenfälle verwandeln ihn in Schlamm, der beim Trocknen harte Krusten bildet. Unter einer Pflanzen- oder Mulchdecke bleibt er dagegen feucht. Eine Abdeckung mit Stroh verhindert darüber hinaus, dass Früchte wie Erdbeeren, Melonen, Kürbisse mit dem Boden in Kontakt kommen. Sie bleiben auf diese Weise sauber und gesund.

Was eignet sich zum Mulchen?

Mulchen Sie den Boden zwischen den Kulturen etwa 2 bis 5 cm dick. Dafür eignen sich die verschiedensten Materialien, zum Beispiel unbehandelte Holzspäne, Getreidestroh, Leinenstroh, Rasenschnitt, Kiefernrinde, Algen, ungefärbtes Papier und Pappe, flache Steine, zermahlene Mineralien, Vulkangestein oder Ziegelsteine.

Ein ungeschützter Boden trocknet schneller aus und die Nährstoffe werden ausgewaschen.

Ein gemulchter Boden braucht im Sommer nur halb so viele Wassergaben.

Was bringt das Mulchen?

VORTEILE	NACHTEILE
• Unterdrückt einjährige unerwünschte Wildkräuter. Ausdauernde Arten lassen sich leichter jäten (lockerer Boden). • Der Boden bleibt frisch und leicht. • Gewitterregen waschen die Erde nicht aus (Erosion). • Der Wind trocknet den Boden nicht aus. • Man muss nur halb so viel gießen. • Der Boden ist im Winter geschützt. • Die Mulchschicht versorgt die Mikroorganismen und Regenwürmer mit Nahrung.	• Im Frühjahr erwärmt sich der Boden später (die Sonnenstrahlen treffen nicht direkt auf). • Eine sehr trockene Mulchdecke (Rindenmulch, Stroh, Laub, Gehölzhäcksel) kann das Wachstum von stickstoffliebenden Gemüsearten verlangsamen. Abhilfe schafft Brennnesseljauche, Kompostauszug und getrocknete Luzerne. • Lockt Amseln und Schnecken an.

Die Vorteile übertreffen die Nachteile. Decken Sie den Boden ab!

Bodenabdeckung aus gehäckseltem Gehölz

Folie aus durchlässigem Gewebe

Holzspäne zwischen Johannisbeersträuchern

Auch mit schwarzem Vlies kann man mulchen. Der Boden erwärmt sich schneller und bleibt gleichbleibend feucht. Achten Sie beim Kauf auf durchlässiges Material, das recycelt werden kann. Hacken Sie den Boden und entfernen Sie das Unkraut, bevor sie ihn abdecken. Für die Starkzehrer (Erdbeeren, Kürbisse, Tomaten, Auberginen, Blumenkohl u. a.) muss vor der Abdeckung Kompost eingearbeitet werden.

Mulchmaterialien

▸ **Rasenschnitt:** 5 bis 8 cm dick auf Beeträndern zur Unkrautunterdrückung ausbringen. Als Mulchschicht 2 bis 3 cm dick auftragen.

▸ **Stroh:** Verwenden Sie Stroh aus biologischem Anbau. Das Stroh aus konventioneller Landwirtschaft ist meist mit giftigen Pestiziden behandelt. Häufig leidet die Fruchtbarkeit des Bodens unter diesen Wirkstoffen. Geben Sie dem Boden Brennnessel- oder Beinwelljauche, bevor Sie das Stroh ausbringen.

▸ **Rindenmulch:** Es handelt sich um Rindenabfälle von Laub- oder Nadelgehölzen, die sehr sauer sein können wie beispielsweise Kiefernrinde. Gemulcht werden können Wege, Sträucher und Staudenbeete. Um einem Stickstoffmangel vorzubeugen, kann vor dem Mulchen mit Brennnessel- oder Beinwelljauche gegossen werden.

▸ **Algen:** Man muss sie mit Wasser spülen, um das Meersalz zu entfernen, bevor man sie ausbringt. Arbeiten Sie die Algen fünf Zentimeter tief in den Boden ein.

▸ **Holzhäcksel:** Es handelt sich um gehäckselte Äste. Das Material verrottet sehr langsam und muss nicht ständig neu ausgebracht

Laub wird vor dem Mulchen zerkleinert. Allerdings wird dieser Mulch vom Wind schnell aufgewühlt.

werden. Bäume und Sträucher können gut mit Holzhäcksel gemulcht werden. Da zur Verrottung des Materials Stickstoff benötigt wird, sollte der Boden vor der Ausbringung mit einer stickstoffreichen Jauche gegossen werden.

▸ **Grüne oder schwarze Folien:** Sie werden nach der Pflanzung ausgebreitet, verhindern den Wuchs von Unkraut und verfrühen die Reife der Kulturen, da sich der Boden rasch erwärmt. Diese Folien können mehrere Monate auf dem Boden

verbleiben. Verwenden Sie unbedingt kompostierbare Folien, beispielsweise aus Maisstärke, um die Umwelt nicht zu belasten.

Seegras und Tang sind nährstoffreicher als Dung. Als Abdeckung reichern sie den Boden an.

Erfolgreich mulchen

› **Mulchen Sie** den Boden nicht mit Kräutern, die Samen ausgebildet haben. Beim Mulchen wird der Bereich um die Pflanzenwurzeln ausgespart. Düngen Sie einige Tage vor Ausbringung der Mulchschicht.

Dem Wetter trotzen

Temperaturschwankungen und unerwartete Regenfälle beeinträchtigen das Wachstum der Pflanzen. Die Mehrzahl unserer Gemüsepflanzen stammen ursprünglich aus tropischen Gebieten und vertragen die Kälte nicht. Klimatische Unsicherheiten wie Unwetter, Hagel, plötzliche Winde oder Fröste können die Ernten beschädigen. Ein guter Schutz ist deshalb wichtig!

Helle Folien

Synthetische Folien, die man nach der Aussaat und dem Pikieren direkt über den Boden breitet, sind wasser- und lichtdurchlässig. Sie schützen die Kulturen vor Regenfällen, austrocknenden Winden und praller Sonne.

Folien lassen sich einfach auflegen und schützen auch vor Schädlingen.

Hecken und Mauern

Sie dienen als Windschutz. Wenn sie nach Süden gerichtet sind, speichern sie die Sonnenwärme am Tage und geben sie nachts wieder ab.

Schwarze Folien

Werden sie im Frühjahr über den Boden gebreitet, erwärmt er sich schneller. Auf sehr feuchten Böden verhindern sie Staunässe. Verwenden Sie abbaubare Produkte.

Hochbeet & Co.

Die praktische Anbaumethode auf Hoch- oder Hügelbeeten verhindert Staunässe an den Wurzeln bestimmter Pflanzen wie zum Beispiel Knoblauch, Zwiebeln und Möhren. Die abfallende Form des Hügelbeets verstärkt die Erwärmung der Erde, da die Sonnenstrahlen senkrecht auf dem Boden auftreffen.

Schattenspender

Sie lassen sich aus halb durchsichtigen Folien und Schilfmatten einfach bauen. Man breitet sie über einen Holzrahmen, der auf Holzpflöcken über den Kulturen angebracht wird. Diese Vorrichtungen bieten Schutz vor Hagel, Regenschauern, starken Winden und praller Sonne.

Diese nützlichen Schattenspender verleihen Ihrem Garten ein besonderes Flair.

Herkömmliche Gewächshäuser

Es gibt Gewächshäuser in allen Größen, beheizbar oder ohne Heizung. In Gewächshäusern können Sie empfindliche Kulturen vor

Wetterkapriolen schützen. Achten Sie darauf, dass das Gewächshaus ein Fenster zum Lüften hat.

Folientunnel

Bauen Sie Tunnel aus durchsichtiger Folie oder aus halb flexiblem Wellkunststoff zum Schutz vor der Kälte. Einzeln stehende Pflanzen finden Platz unter abgeschnittenen Fünf-Liter-Plastikflaschen. Schöner sind allerdings Glas- oder Kunststoffglocken (im Handel erhältlich).

Frühbeet

Frühbeete sind von großem Nutzen, um Blumen- und Gemüseaussaaten zu verfrühen. Graben Sie zunächst in der Größe des Kastens eine 80 cm tiefe Grube aus, die

Je größer ein Gewächshaus ist, umso wohler fühlen sich die Kulturen.

mit Pferdemist und Laub gefüllt wird. Drücken Sie das Ganze fest und gießen Sie es an. Zum Abschluss kommt 15 cm hoch Erde darauf. Nachdem sich das Frühbeet auf etwa 60 °C erwärmt hat, können Sie säen und pflanzen. Das Beet hält die Wärme

mehrere Wochen lang und beschleunigt das Wachstum. Sie können die Samen auch in einer Kiste kultivieren, und an einem warmen Ort aufstellen. Denken Sie daran, am Tage zu lüften und das Fenster nachts zu schließen, falls es kalt wird.

Durchsichtige Kunststofffolie eignet sich für alle Konstruktionen. Fassen Sie die Seiten, die starken Winden ausgesetzt sind, mit Erde ein.

Fixieren Sie diese Schutzhauben mit Steinen, Pflöcken oder mit Erde gegen Windstöße.

Wasser marsch!

In bestimmten Entwicklungsstadien brauchen die Pflanzen reichlich Wasser. Diese Ansprüche lassen sich nicht immer mit der Witterung vereinbaren.

Warum gießen?

Zum Zeitpunkt der Aussaat und nach dem Pikieren müssen die Wurzeln engen Kontakt mit der Erde haben. Ordentliches Angießen gewährleistet diesen Kontakt. Ohne Wasser bekommen Gemüsepflanzen keine Nährstoffe mehr, durch den Stress werden sie dehydriert, bilden zu schnell Samen oder werden sehr hart. Obst und Gemüse bleiben klein. Übermäßiges Wässern beeinträchtigt die Wurzelentwicklung. Die Wurzeln bleiben an der Oberfläche und gehen nicht in die Tiefe. Trockene Zeiten überstehen solche Pflanzen nur schlecht. Mangel oder Überschuss an Wasser begünstigt das Auftreten von Krankheiten und Schädlingen.

Wann gießen?

Gießen Sie im Frühjahr und im Herbst, wenn die Nächte kühl sind, am besten morgens.
In der warmen Jahreszeit wird am späten Nachmittag gegossen, wenn der Boden wieder abkühlt, dann ist die Verdunstung nicht so hoch. Im Winter müssen nur Kübelpflanzen, die im Freien

Feinen Regen mögen vor allem junge Setzlinge.

Regenwasser ist ideal zum Gießen.

stehen, gegossen werden. Frisch gepflanzte Bäume benötigen ebenfalls Wasser.

Wie gießen?

▸ Sparen Sie Wasser: Hacken Sie den Boden, mulchen Sie die Oberfläche (siehe Seite 26–29).

▸ Wässern Sie keine stark aufgeheizten Böden.

▸ Es wird nur der Wurzelbereich der Pflanzen gegossen. Die Blätter dürfen nicht benetzt werden, außer es handelt sich um die von Salat, Kohl und Petersilie, also Blattgemüse mit wächsernen Blättern, an denen die Tropfen abperlen.

▸ Behaarte und raue Blätter dürfen nicht in Kontakt mit Gießwasser kommen, da sie dadurch anfälliger für Krankheiten werden (Tomaten, Kürbisse, Gurken).

▸ Kaufen Sie einen Regenmesser. Regen wirkt sich erst ab 10 mm, das heißt 10 l/m² günstig aus. Auf leichtem Sandboden fließt das Wasser meist oberflächlich ab. Hier muss man wiederholt gießen. Auf Tonböden bleibt die Feuchte auf der Oberfläche, oft genügt es, einmal in der Woche ausgiebig zu gießen.

Verwenden Sie zum Gießen temperiertes Wasser.

Was zum Gießen benötigt wird

▸ **Die Gießkanne** ist einfach zu handhaben und vor allem für kleine Flächen unentbehrlich, da mit ihr gut dosiert werden kann. Wenn Sie eine Regentonne aufstellen, können Sie anfallendes Wasser auffangen und damit gießen. Regenwasser wird von der Dachrinne aufgefangen, ist mit Sauerstoff angereichert und enthält weder Chlor noch Pestizide. Da es temperiert ist, bekommen die Pflanzen keine „kalten Füße" wie das häufig bei der Verwendung von Grundwasser der Fall ist. Mithilfe einer Pumpe kann man auch handelsübliche Sprenger damit versorgen.

▸ **Regner** sind eher nicht empfehlenswert. Sie lassen sich zwar einfach installieren, verbrauchen aber viel Wasser und befeuchten nicht nur die empfindlichen Blätter sondern auch die gesamte Bodenoberfläche. Durch das Klatschen des Wassers auf die Erde kommt es zur Verkrustung.

▸ **Die Tropfbewässerung** hilft dagegen, Wasser zu sparen. Man muss sie unter der Mulchschicht installieren und kann sie an einen Bewässerungscomputer anschließen.

Was tun gegen Störenfriede?

Nicht alle Unkräuter sind Störenfriede. Oft handelt es sich um wertvolle Heilkräuter wie Löwenzahn oder Kamille. Aber Wurzelunkräuter können wirklich zur Plage werden.

Kontrolle von Anfang an

Um möglichst erfolgreich zu sein, sollten Sie handeln, solange die Pflanzen klein sind.

▸ Das Abdecken des Bodens mit schwarzer Folie, alten Kartons oder Teppichresten, Ziegeln oder Schieferplatten verhindert das Wachstum von Unkrautpflanzen.

▸ Durch Jäten mit einer Hacke werden sie oberflächlich entfernt.

▸ Zahlreiche Pflanzen unterdrücken das Wachstum von Unkräutern. Roggen bildet beispielsweise extrem lange Wurzeln, die eine Barriere für andere Unkrautpflanzen darstellen. Pflanzen mit großen Blättern, wie Kürbis oder Zucchini, geben Unkräutern keine Chance.

▸ Viele Mulchmaterialien unterdrücken das Wachstum von Unkräutern. Vor dem Aufbringen der Mulchschicht sollte aber gründlich gejätet werden.

▸ Wer sich gut auskennt mit Keimpflanzen kann gleich nach dem Aufgang die kleinen Unkräuter aus dem Beet entfernen. Diese Methode ist günstig bei Gemüse mit langer Keimdauer, zum Beispiel Möhre, Petersilie, Feldsalat.

▸ Unkraut kann man auch durch Hitze vernichten Hierzu wird eine Gasflamme verwendet. Besonders auf Kiesflächen, Platten und Wegen ist ein Abflammgerät von Nutzen. Die Anwendung zwischen den Kulturen erfordert allerdings Geschick.

Beugen Sie vor

Schneiden Sie die Blütenstände der Wildpflanzen rechtzeitig ab, bevor sie Samen ansetzen können. Manche von ihnen können pro Pflanze bis zu 200 000 Samen produzieren.

Ohne Licht sterben die Pflanzen schnell ab.

Mit der Gartenhacke werden gekeimte Unkräuter entfernt.

Unkrautvernichtung mit Flamme ist wirksam bei Jungpflanzen.

In diesem Entwicklungsstadium kann man Unkraut nicht mehr entfernen. Die Erdbeeren müssen umgepflanzt werden.

Vorsicht, ausdauernde Unkräuter

› **Entfernen Sie** Wurzelunkräuter während ihrer schwächsten Phase, dann wachsen manche ausdauernden Arten nicht so schnell nach: Brombeere von 21. bis 30. Juni, Quecke, Ampfer und Schachtelhalm von Juli bis August, Distel und Brennnessel zwischen Mitte August und Mitte September.

Biologische Pflanzenschutzmittel

Verwenden Sie keine chemischen Unkrautvernichter, die nicht nur das Grundwasser belasten, sondern auch den Boden und die Umwelt.

Verschiedene Firmen bieten Unkrautvernichter an, die biologisch abbaubar und bienenungefährlich sind. Manche arbeiten mit Essig-

kraft, um Unkraut zu verdrängen, andere beinhalten Pelargonsäure. Achten Sie immer darauf, dass die Mittel absolut abbaubar sind.

Vor- und Nachteile von unerwünschten Wildkräutern

VORTEILE	NACHTEILE
• Bei Bodenbedeckung verhindern sie die Austrocknung. • Einige Wildkräuter können als Heilpflanzen oder zur Herstellung von Jauchen und Brühen verwendet werden. • Sie bieten Nutzinsekten Unterschlupf und Nahrung: Marienkäfer, Schwebfliegen, Florfliegen. • Sie binden mit den Wurzeln Nährstoffe bzw. holen sie aus tieferen Bodenschichten nach oben und aktivieren Bodenmikroorganismen. • Sie bereiten die Gänge für die Regenwürmer vor und bieten ihnen Nahrung. • Sie reinigen den Boden und bringen ihn wieder ins Gleichgewicht.	• Sie keimen vor den Kulturpflanzen aus und unterdrücken deren Wachstum. • Sie übertragen Krankheiten. • Sie breiten sich an unerwünschten Plätzen aus. • Sie entziehen den Kulturpflanzen die Nährstoffe. • Sie bieten Schädlingen (Schnecken, Feldmäuse, Insekten) Unterschlupf.

Die Helfer im Garten

In natürlich angelegten Gärten hat alles Lebendige seinen Platz. Das Verhältnis zwischen Nützlingen und Schädlingen ist ausgewogen. Finden nützliche Helfer im Garten gute Lebensbedingungen, lösen sich Probleme mit Schädlingen meist von selbst.

Fleißige Helfer

Nur selten unterscheiden wir zwischen nützlichen und schädlichen Tieren und bekämpfen alle gleichermaßen. Die wichtigsten Nützlinge sollte man aber kennen und sie im Garten willkommen heißen.

Der Regenwurm

Diese fleißigen Bodenbewohner setzen organisches Material um, reichern den Boden mit Humus an und verbessern ihn. Ihre Gänge lockern den Boden, sodass das Wasser in die Tiefe sickern kann.

NÜTZLING	LEBENSWEISE	NUTZEN IM GARTEN
Fledermaus	Jagt in der späten Abenddämmerung.	Sie fängt Pflanzenfresser, die oft nachtaktiv sind.
Igel	Hält Winterschlaf in Blatt- oder Reisighaufen, Hecken.	Er frisst alles, Früchte, Schnecken, Raupen und Mäuse.
Spitzmaus	Lebt auf dem Boden, ist ein überwiegend tagaktiver Einzelgänger, sehr gefräßig, sucht Unterschlupf in Hecken.	Sie frisst täglich so viel Insekten, Larven und Schnecken, wie sie wiegt.
Maulwurf	Bricht Verdichtungen im Boden auf, dräniert ihn und durchlüftet tiefe Schichten.	Er frisst Larven, Würmer und Insekten.
Vögel: Meise, Rotkehlchen, Rotschwanz, Fink, Schwalbe, Kleiber, Eule, Raubvögel	Allgemein sehr nützlich, auch wenn sie in manchen Regionen das Gartenobst fressen. Nist- und Futterkästen locken sie in den Garten. Wasser im Garten ist unerlässlich. Manche Arten brüten in Hecken, Büschen oder an alten Bäumen.	Sie ernähren sich hauptsächlich von Raupen, Insekten, Feldmäusen und den Samen von Unkrautpflanzen.
Amphibien: Frosch, Kröte, Wassermolch	Jagen nachts im Garten und ruhen tagsüber an Wasserstellen oder in Trockenmauern.	Sie fressen Würmer, Schnecken, Larven und Insekten.

Die Bodenmikroorganismen

Mit bloßem Auge meist nicht zu sehen, sind sie im Boden dennoch sehr zahlreich und hochaktiv. Es handelt sich um Pilze, Bakterien, Algen, kleine Tiere wie Nematoden, Einzeller, Milben, Springschwänze. Sie sind ebenfalls Humusbildner, wandeln abgestorbenes Material in pflanzenverfügbare Nährstoffe um und sind zum großen Teil für die Fruchtbarkeit des Bodens verantwortlich. Pestizide schaden ihnen meistens.

Nutzinsekten

Sie parasitieren andere Insekten, ihre Larven oder Eiern. Schützen Sie den Lebensraum dieser Tiere: Hecken, Wiesen, Wildbewuchs, trockene Steingärten.

NUTZINSEKT	LEBENSWEISE		NUTZEN IM GARTEN
Laufkäfer (zahlreiche Arten)	Vertragen keine Pestizide. Bevorzugen feuchte Bereiche und Wildhecken.		Sie fressen nachts große Mengen an Raupen, Schnecken und Insekten.
Florfliege		Verträgt keine Pestizide. Wird von frischen Blüten angelockt.	Adulte Tiere sowie Larven fressen täglich 500 Blattläuse.
Marienkäfer	Vertägt keine Pestizide. Überwintert auf Brachland und in Scheunen.		Adulte Tiere und Larven ernähren sich von Blattläusen.
Ohrwurm		Nachtaktiv. Sehr nützlich in Obstbäumen.	Er ernährt sich von Blattläusen, Raupen und kleinen Insekten.
Raubwespe	Legt ihre Eier in Larven und Puppen von Schadinsekten.		Er vertilgt Blattläuse und andere Schädlinge.
Wanze	Überwintert in Hecken, auf Brachland und in Reisighaufen.		Viele Arten ernähren sich von Blattläusen, Blattflöhen, Raupen und Milben.
Schwebfliege	Zieht weiter oder überwintert in Biotopen mit verschiedenem Wildbewuchs.		Ihre Larven vertilgen täglich 600 bis 800 Blattläuse. Pflanzen Sie Blumen und säen Sie Doldengewächse aus, von denen sich die Adulten ernähren.
Spinne		Es gibt unzählige Arten, die ganz unterschiedliche Gewohnheiten haben.	Sie fangen sehr viele Insekten. Alle sind nützlich. Sie haben sehr unterschiedliche Jagdmethoden.
Bestäubende Insekten: Biene, Hummel, Schwebfliege	Ernähren sich von Wildpflanzen. Durch vermehrten Einsatz von Pestiziden werden sie immer seltener.		Sie bestäuben die Blüten der Obstbäume und steigern den Ertrag.

Abwehr von
Krankheiten und Schädlingen

Ist die Witterung günstig, der Boden intakt und die Pflanzen für den Standort richtig ausgewählt, treten nur selten Krankheiten und Schädlinge auf. Kommt es dennoch dazu, sollte das richtige Mittel zum richtigen Zeitpunkt angewendet werden.

Die Auswirkungen von Mangel und Überdüngung

▶ Ein Mangel an Spurenelementen im Boden kann mehrere Auswirkungen haben: Die Blätter bekommen Flecken oder verfärben sich, bleiben klein oder vergilben, fallen vorzeitig ab oder färben sich rot; Bäume blühen, bilden aber keine Früchte; Rüben und Wurzelgemüse werden nicht größer; das Gemüse hat keinen Geschmack.

▶ Zu viel Wasser oder zu viel Stickstoff bewirken ein starkes Wachstum der Blätter zum Nachteil der Früchte und Blüten; Fäulnis tritt auf. In einem Boden, dem man regelmäßig Kompost beimischt, kommt es selten zur Überdüngung.

Krankheiten behandeln

Häufig sind Pilze verantwortlich für Krankheiten an Pflanzen. Sie befallen Blätter, Triebe, Früchte und das Holz, manche auch die Wurzeln. Die Krankheiten äußern sich auf unterschiedlichste Weise.

▶ Mittel auf Kupferbasis sind im Handel in unterschiedlichen Formulierungen erhältlich, oft kombiniert mit Spurenelementen. Überschreiten Sie nie die angegebene Anwendungsmenge; besser probiert man es mit einer geringeren Dosis. Es handelt sich hier um chemische Präparate, die Menschen nicht schaden, aber die Aktivität der Boden-

Schnecke an Weißkraut

Phytophthora an Tomate

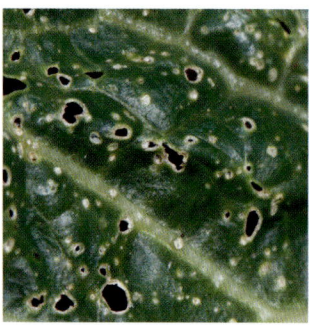

Erdflohbefall an Kohl

mikroorganismen beein-
trächtigen. Auch aus diesem
Grund müssen sie zum richtigen Zeitpunkt angewendet
werden. Mehltau, Krebs-
arten, Blattfleckenkrankheit,
Monilia, Bakterienkrank-
heiten und bestimmte Viren
und Bakterien kann man mit
diesen Mitteln behandeln,
die zwar ökologisch nicht
unbedenklich sind, im öko-
logischen Anbau aber den-
noch zum Einsatz kommen.

▸ Schwefel ist als Fungizid
vor allem gegen Mehltau,
Fleckenkrankheiten und Milben sowie gegen die Zwie-
bel- und Knollenfäule erfolgreich. Schwefel ist ein
chemisches Element, das in
zwei Formen angewendet
wird, als Pulver oder Netz-
schwefel. Bei der Ausbringung sind die Temperaturen
zu beachten.

▸ Mittel auf Lecithinbasis
wirken vor allem gegen die
gefürchteten Mehltaupilze.

Das Bestäuben mit Mineralien stärkt die Abwehrkraft.

Schädlinge abwehren

Kontrollieren Sie Ihre Pflanzen täglich, nur so können
Sie frühzeitig eingreifen. Außerdem gibt es Möglichkeiten, Schädlinge erst gar nicht
zum Zug kommen zu lassen.

▸ Pheromonfallen locken die
männlichen Insekten an.

▸ Insekten- oder Vogel-
schutznetze sind bei vielen
Gartenpflanzen das biolo-
gische Mittel der Wahl.

▸ Schneckenzäune in den
verschiedensten Ausfüh-
rungen wirken Wunder.

▸ Leimringe, die an Obst-
baumstämmen angebracht
werden, schützen vor Obst-
baumschädlingen.

▸ Pflanzenstärkungsmittel
aus Algen-, Humus- oder
Pflanzenextrakten verbes-
sern die Abwehrkraft der
Blätter gegen Krankheiten.
Daneben gibt es zahlreiche
Nützlinge, die im Versand-
handel zu bestellen sind und
gegen verschiedene Schäd-
linge eingesetzt werden
können (z. B. Marienkäfer,
Schwebfliegen).

*Pheromonfallen während der
Flugzeit der Insekten anbringen.*

*Leimringe verhindern die
Ausbreitung von Insekten.*

Natürliche Abwehrmechanismen

Ausgangsbasis für die Krankheitsvorbeugung sind kräftige und gesunde Pflanzen. Um eine größere Wirkung zu erzielen setzen Sie bevorzugt Regenwasser ein.

Pflanzen können für Spritzbrühen frisch und getrocknet verwendet werden. Getrocknete Pflanzen machen durchschnittlich ein Zehntel vom Frischgewicht aus: 1 kg frische Pflanzen ergeben 100 bis 150 g getrocknete.

Brühen nach dem Ziehen abseihen und unverdünnt sprühen.

NAME	ZUBEREITUNG	ZEITPUNKT	WIRKUNG
Bacillus thuringiensis	Fertigpräparat, sprühen	bei Befall	Nur gegen Raupen wirksam
Beinwell	300 g frische Blätter in 1 l Wasser; 12 Stunden ziehen lassen und abseihen; sprühen	Frühjahr Sommer	Weiße Fliegen und Blattläuse
Brennnessel	1 kg ganze Pflanzen, frisch in 10 l Wasser; 12 Stunden kalt ziehen lassen, abseihen; unverdünnt sprühen	das ganze Jahr	Blattläuse, Spinnmilben, Apfelmaden
Chrysantheme	Fertigpräparat, sprühen	morgens und abends	Insektizid; vernichtet alle Insekten und Parasiten; als letzter Ausweg
Efeu	100 g getrocknete Blätter in 1 l Wasser, gären lassen; 10fach verdünnen Absud, konzentriert 100 g/l; sprühen	Frühjahr Sommer	Blattläuse, Spinnmilben, Weiße Fliegen
Farn	1 kg frische Blätter in 10 l Wasser, 5 Tage gären lassen; 10fach verdünnen; sprühen	das ganze Jahr	Blattläuse, Raupen, Drahtwürmer, Schnecken
Holunder	1 kg frische Blätter in 10 l Wasser 24 Stunden ziehen lassen, dann 30 Minuten kochen; unverdünnt sprühen oder 3 Tage ziehen lassen; unverdünnt auf dem Boden ausbringen	Frühjahr Sommer	Maulwurf, Mäuse

Beinwell   *Brennnessel*   *Efeu*   *Farn*   *Holunder*

NAME	ZUBEREITUNG	ZEITPUNKT	WIRKUNG
Kapuziner-kresse	Im gesamten Garten pflanzen	Sommer	Aktiviert den Boden, wehrt Blattläuse und Weiße Fliegen ab
Knoblauch	100 g gehackte Knollen/10 l kaltes Wasser; unverdünnt sprühen; 500 g gehackte Knollen/10 l als konzentrierte Jauche sprühen	Frühjahr Erstflug	Spinnmilben, Blattläuse, Zwiebelfliegen, Pilzkrankheiten
Lavendel	100 g Samen oder Blüten in 1 l warmem Wasser; unverdünnt sprühen	Sommer Herbst	Wehrt Insekten ab
Rainfarn	300 g frische Pflanzen mit 10 l Wasser aufgießen; unverdünnt sprühen 500 g frische Pflanzen mit 10 l Wasser; Absud unverdünnt sprühen	das ganze Jahr das ganze Jahr	Ameisen, Blattläuse und andere Insekten Kohlfliegen und Apfelmaden
Rhabarber	500 g frische Blätter mit 3 l Wasser aufgießen; unverdünnt sprühen 24 Stunden kalt ziehen lassen; unverdünnt sprühen	Frühjahr Sommer	Schwarze Läuse, Maden der Lauchfliege, Blattläuse, Raupen, Schnecken
Schachtel-halm	1 kg ganze Pflanzen, frisch in 10 l Wasser; 8 Tage gären lassen; 5fach verdünnen; sprühen 1 kg ganze Pflanzen, frisch in 10 l Wasser; 20 Minuten köcheln lassen; 5fach verdünnen; sprühen	das ganze Jahr das ganze Jahr	Maden der Lauchfliege, Spinnmilben Pilzkrankheiten
Schmier-seife	40 g Schmierseife in 50 ml Pflanzenöl und 0,5 l Alkohol, mit 20 l kochendem Wasser mischen; sprühen	das ganze Jahr	Raupen, Blattläuse, Spinnmilben, Schildläuse
Wermut	In Blüte; Aufguss von einer Hand voll frischen oder 30 g getrockneten Pflanzen; 20fach verdünnen; sprühen	Frühjahr Sommer	Raupen, Ameisen, Blattläuse, Obstmaden, Schnecken

Abwehr

Kapuzinerkresse

Lavendel

Rhabarber

Rainfarn

Schachtelhalm

Ökologische Reservate

Um den eigenen Garten in ein ökologisches Reservat zu verwandeln, brauchen Sie Beobachtungsgabe und Geduld. Nach und nach wird sich aber eine enorme Artenvielfalt einstellen.

Den Boden verbessern

Der Gartenboden ist mit Schadstoffen belastet, erschöpft oder von Schädlingen wie Nematoden befallen? Bringen Sie Kompost aus, der das Bodenleben wieder in Schwung bringt. Sogenannte Gesundungspflanzen, wie zum Beispiel *Phacelia*, lockern mit ihren tiefen Wurzeln den Boden und schließen Nährstoffe auf. Mulchen Sie den Boden.

Feindpflanzen

Verwenden Sie nur Präparate, die im biologischen Anbau zugelassen sind (siehe Seite 36–41). Feindpflanzen wie Ringelblume, Tagetes und Kapuzinerkresse wehren Schädlinge ab und verschönern zudem jedes Beet.

Lassen Sie es blühen

Wiesen zu mähen, bedeutet viel Arbeit und ist ökologisch nicht sinnvoll. Lassen Sie die Wiesen blühen und Samen bilden, denn hier leben viele Nutztiere.

Keine Flüssigdünger verwenden

Sie gelangen in die Gewässer und belasten schließlich das Grundwasser und das Meer.

Biotop: Blütenhecken

Pflanzen Sie Hecken, die sich aus Sträuchern mit Blü-

Mähen Sie nur die Durchgänge ab.

Wasser wird durch Bewegung lebendig.

Nistkästen aus Recycling-Material.

Hecken sorgen für mehr Artenvielfalt.

ten und Früchten sowie aus immergrünen und Laub abwerfenden Arten zusammensetzen. Bevorzugen Sie heimische Wildarten, zum Beispiel Mispel, Kornelkirsche, Weißdorn und Vogelbeere. Koniferen passen nur selten in einen natürlich gestalteten Garten.

Hotel Garten

Vögel, Insekten und unzählige andere Tiere schützen Ihre Pflanzen vor Schädlingen, erfreuen Sie durch ihren Gesang und ihre Schönheit. Schaffen Sie mit Hecken, Laub- und Steinhaufen oder Trockenmauern Nist-, Brut- und Überwinterungsmöglichkeiten.

Recycling pur

▶ Verwenden Sie Produkte aus Glas, Holz, Stein, Metall. Vermeiden Sie Kunststoff, der sich nicht recyclen lässt.
▶ Errichten Sie niedrige Mauern und Steingärten aus Steinen und Schutt von Abrissen. Solche Trockenbereiche locken Eidechsen, Hummeln und andere Tiere an.
▶ Bedecken Sie den Boden mit verrottbarer Folie, Laub, Gehölzhäcksel oder nicht bedruckten Kartons.
▶ Auch die Wahl der Gartengeräte sollte sich auf Lärmminimierung und geringe Umweltbelastung ausrichten.

Pflanzen lieben Regenwasser

Außerdem verringern Sie Ihren Wasserverbrauch beträchtlich und die Pflanzen vertragen Regenwasser besser als das Wasser aus der Leitung.

Welche Pflanze soll es sein?

Kaufen Sie keine schwachen Pflanzen oder solche, die für die regionalen Klimabedingungen nicht geeignet sind. Vermeiden Sie Probleme: keine Rhododendren auf Kalkböden, keine Melonen in Bergregionen und kein Rosenkohl unter der prallen Sonne. Lassen Sie sich in gut sortierten Gärtnereien beraten.

Jetzt kann's losgehen

Die gute Wahl

Der gute Ertrag und die Gesundheit der Kulturen hängen von der Qualität des Saatguts oder der Jungpflanzen ab. Informieren Sie sich über Sorten, die widerstandsfähig sowie für den Boden und vor allem die klimatischen Bedingungen Ihrer Region geeignet sind.

Das beste Saatgut

▶ Beziehen Sie die Samen von einem anerkannten Züchter und überlegen Sie vorher, wie viel Saatgut Sie benötigen. Prüfen Sie das Haltbarkeitsdatum. Wählen Sie solche Sorten aus, die für Ihren Boden und das Klima geeignet sind.

▶ Es gibt Standardsaatgut und F1-Hybriden. F1-Hybriden sind ertragreich können aber nicht über selbst gewonnen Samen vermehrt werden. Biologisches Saatgut ist nicht mit Pestiziden behandelt und für einen umweltgerechten Anbau besonders gut geeignet.

▶ Saatgut ist nicht ewig haltbar. Sie können die Haltbarkeit aber erhöhen, wenn Sie es bei 4 bis 10 °C an einem trockenen und dunklen Ort aufbewahren. Machen Sie bei abgelaufenem Saatgut eine Keimprobe.

Pflanzenstars

Wählen Sie Ihre Pflanzen nach folgenden Gesichtspunkten aus: Wuchskraft, Ertragsfähigkeit, Geschmack, Farbe, frühe oder späte Ernte. Wollen Sie etwas Neues ausprobieren? Testen Sie das Obst und Gemüse, bevor Sie Ihren Garten damit bestücken. Die gekauften Pflanzen sollten kräftige Triebe haben. Die Blattknoten müssen nah beieinander liegen und die Farbe schön grün sein. Kontrollieren Sie die Blattunterseiten auf mögliche Schädlinge (z. B. Blattläuse, Weiße Fliegen). Wer selbst Pflanzen vermehren will, sollte nur die wuchskräftigsten behalten. Ziehen Sie die Samen in Multitopfplatten oder Einzeltöpfen, um den Pflanzen den Stress des Pikierens zu ersparen.

Probieren geht über studieren

Es macht Spaß, als Züchter im eigenen Garten tätig zu werden. Außerdem spart es Geld. Probieren Sie zunächst die robusteren Arten aus.

▶ Sommerblumen wie Schmuckkörbchen, Ringelblumen, Borretsch, Jungfer im Grünen, Mohn, Kapuzinerkresse lassen sich leicht vermehren. Suchen Sie sich die gesündesten und kräftigsten Pflanzen aus. Entnehmen Sie den sich öffnenden Hüllen nur gut getrocknete

Melde mit Samenständen

Wählen Sie nur volle und regelmäßig geformte Samen aus; die schrumpligen und beschädigten werden entfernt.

und bräunliche Samen, die an einem warmen und luftigen Platz nachgetrocknet werden. Entfernen Sie die Reste der Samenhüllen und füllen Sie die Samne in Papiertüten, die mit Namen beschriftet und mit Datum versehen werden.

▸ **Die Samen von Kräutern** wie Petersilie, Kerbel, Koriander, Dill und Engelwurz lassen sich sehr einfach gewinnen. Erst wenn sie ganz trocken sind, sammeln.

▸ **Gemüsearten** wie Bohnen, Erbsen, Dicke Bohnen und Blattsalate vermehrt man,

indem man die Pflanzen nicht erntet sondern stehen lässt, bis sie Samen gebildet haben. Tomaten, Paprika, Auberginen: Von den schönsten und unbeschädigten Früchten die Samen ernten, im Wasser liegen lassen. Gut trocknen lassen, dann aussortieren. Alle Samen werden nach dem Ernten nachgetrocknet.

Unerwartete Kreuzungen

Bei bestimmten Pflanzen wie Möhren, Kürbissen, Kohl, Radieschen, Rüben und Spinat kommt es leicht zu zufälligen Kreuzungen zwischen den Arten. Damit die Samen die Eigenschaften der Elternpflanzen bewahren, sollten Sie jeweils zwei bis fünf gesunde Pflanzen einer Sorte mithilfe eines Netzes oder einer Folie abdecken. Entweder lassen Sie Fliegen oder Hummeln die Pflanzen bestäuben oder Sie tun das selbst mithilfe eines sauberen Pinsels. Viele Pflanzen kann man aber auch vegetativ zum Beispiel aus Knollen oder Zwiebeln oder durch Teilung vermehren. Die solchermaßen vermehrten Pflanzen sortenecht.

Aussäen – und dann?

Die Samen sind ausgesät und nun heißt es erst einmal Geduld beweisen, denn je nach Art dauert es einige Tage bis Wochen bis die Saat aufgeht. Und was dann?

Aussaat im Freiland

Bevor Sie mit der Aussaat beginnen, nehmen Sie einen Erdklumpen auf und zerbröseln ihn mit der Hand. Wenn kleine aufkeimende Samen zum Vorschein kommen, ist das Bodenleben bereits aktiv. Im Freiland werden vor allem Wurzelgemüse wie Möhren, Pastinaken und Schwarzwurzeln ausgesät. Sie müssen dann nicht umgepflanzt, dafür aber ausgedünnt werden. Auf dem Gemüsebeet werden sie in Reihen ausgesät, nachdem man mit der Gartenhacke Rillen gezogen hat. Rasen, Gründüngung und Einjährige bringt man dagegen breitwürfig aus. Streuen Sie die Samen gleichmäßig auf den Boden oder in die Rillen aus und bedecken Sie sie dann 1 bis 2 cm dick mit Erde oder Substrat (siehe Kasten) ab. Nach dem Ausbringen und Abdecken der Samen drücken Sie die Fläche mit dem Rechenrücken leicht an.

Manche mögen's dunkel

› **Einige Samen** keimen nur im Dunkeln und sollten unbedingt mit Substrat bedeckt werden. Andere dagegen wollen es lieber hell haben. Eine leichte Abdeckung verhindert immer eine Austrocknung und Verkrustung des Bodens. Verwenden Sie heiß sterilisierte Erde oder Fertigsubstrat, damit kein Unkraut wächst.

Tipps für die richtige Aussaat

▸ Bereiten Sie das Saatbett sorgfältig vor. Steine müssen entfernt werden.

▸ Bearbeiten Sie zu trockene oder zu feuchte Böden nicht. Wässern Sie trockenen Boden gründlich und lassen Sie ihn über Nacht wieder trocknen. Am nächsten Morgen lassen sich die Erdklumpen leicht zerkrümeln. Während Trockenperioden und bei Wind kann man eine Folie ausbreiten, um das Austrocknen zu verhindern.

Bereiten Sie den Boden vor der Aussaat mit der Gartenhacke vor.

Aussaat in Töpfen oder Schalen

Die Anzucht in speziellen Anzuchtkisten wird durchgeführt, um von empfindlichen Pflanzen im Frühjahr Vorkulturen im Gewächshaus oder auf der Fensterbank anzulegen. Das Substrat muss leicht, durchlässig und wenig nährstoffreich sein. Nachdem die Kulturen in Einzeltöpfe pikiert wurden und sich entwickelt haben, wählt man die kräftigsten Sämlinge aus, um sie ins Freie auszupflanzen. Bevor es soweit ist, sind jedoch einige Pflegemaßnahmen (Schattieren, Gießen, Schutz vor Schnecken) erforderlich, um einem Befall von Schädlingen und Krankheiten vorzubeugen.

❶ Die Samen über die Erde verteilen.

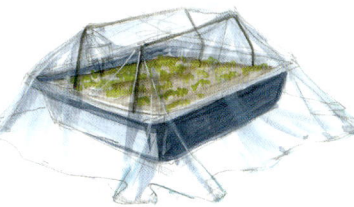

❹ Die Schale mit durchsichtiger Folie abdecken.

❷ Mit feiner Erde übersieben und leicht andrücken.

❺ Die Sämlinge aus der Erde heben.

❸ Das Substrat feucht halten.

❻ Einzeln in kleine Töpfe pflanzen.

▸ Bringen Sie die Samen umso tiefer aus, je wärmer es ist. Auf Tonböden sollten die Samen näher an der Oberfläche liegen als auf leichten Böden.

▸ Damit Sie nicht zu dicht säen, nehmen Sie ein Stück festes, in der Mitte gefaltetes Papier zur Hilfe: So fallen die Samen einzeln auf den Boden.

Gut entwickelte Pflanzen können ins Freie umziehen.

Aussäen – und dann?

Strukturgeber: Bäume & Sträucher

Vor dem Pflanzen von Bäumen und Sträuchern stehen einige Überlegungen:
Wohin sollen die Pflanzen? Wie groß werden sie in zehn Jahren sein? Sollen Sie
schnell wachsen oder habe ich Zeit?

Der richtige Zeitpunkt

Der beste Zeitpunkt, einen Baum zu pflanzen liegt zwischen Oktober und März. In dieser Zeit ist genügend Feuchtigkeit im Boden. Es darf aber nicht gefroren sein.

Was ist zu tun?

▶ Ihre Bäume werden größer: Bedenken Sie die Veränderungen wie mehr Schatten und die Entwicklung der Wurzeln vor der Pflanzung.

▶ Kaufen Sie nur gesunde, gut geformte und unbeschädigte Bäume. Die Veredelungsstelle sollte gut vernarbt sein. Wurzelnackte Bäume sollten ein gut entwickeltes Wurzelwerk besitzen.

▶ Bäume mit Ballen können im Winter aber auch im Frühjahr und Herbst gepflanzt werden, denn sie wurzeln gut ein. Vor dem Pflanzen wurzelnackter Bäume schneidet man stark verzweigte, zu lange, geknickte, verletzte oder tote Wurzeln mit einer scharfen Gartenschere ab. Führen Sie die Schnitte sauber aus. Das Wurzelwerk muss gleichmäßig sein. Bei Ballenware wird der Ballen leicht aufgerissen und beschädigte Wurzeln abgeschnitten.

▶ Pflanzen Sie auf schweren und feuchten Böden auf einer leichten Anhöhe, auf sandigen oder durchlässigen Böden eher in einer Senke.

▶ Das Pflanzloch soll so groß sein, dass die Wurzeln oder der Ballen gut und ohne an den Wänden anzustoßen hineinpassen. Setzen Sie den Baum ein, ohne den Ballen zu verletzen. Bei wurzelnackten Bäumen breiten Sie die Wurzeln auf einem kleinen Erdhügel der Pflanzgrube aus. Füllen Sie die Aushuberde wieder in das Pflanzloch ein, sodass die Erde zwischen die Wurzeln gelangt oder dem Ballen Halt gibt. Alles gut festdrücken. Geben Sie niemals Stallmist oder frischen Kompost auf den Boden vom Pflanzloch, da sonst die Wurzeln faulen können. Durchdringendes Wässern ist unbedingt erforderlich. Kompost und Verbesserungsmittel werden über den Boden verteilt. Bei Frostgefahr sollten Sie mulchen.

Ton lässt die Wurzelbeschädigungen vernarben und hält sie feucht.

Der Kompost, der auf der Baumscheibe ausgebracht wird, bringt den Boden in Schwung.

Ein guter Start

Einschlämmen ist der Schlüssel zu einer guten Entwicklung!

▸ Mischen Sie in einem Eimer oder Gefäß, das groß genug ist, tonhaltige Erde mit frischem Kuhmist. Kaufen Sie nach Möglichkeit Ton in Pulverform.

▸ Geben Sie eine Brühe von Ackerschachtelhalm dazu, um dem Baum gleich einen Schutz vor Pilzen zu geben. Im Fachhandel sind Fertigpräparate erhältlich.

▸ Gemischt wird im folgenden Verhältnis: 3 Teile Ton, 1 Teil Kuhmist, 1 Teil Schachtelhalmbrühe. Dazu kommt noch Regenwasser. Es entsteht eine Masse ähnlich einem Pfannkuchenteig. Tauchen Sie die Baumwurzeln vor der Pflanzung und lassen Sie sie einige Stunden stehen. Die ersten zwei Jahre sind entscheidend für eine gute Einwurzelung. In sehr trockenen Zeiten müssen Sie wässern. Entfernen Sie regelmäßig das Unkraut und mulchen Sie.

Bäume bereit zum Pflanzen

Ziergarten und Rasen

Blumen verzaubern uns mit ihren Farben, Formen und ihrem Duft. Zahlreiche Züchtungen bringen die Zartheit und den Charme der Wildblumen zur Geltung. Gleichmäßige Rasenflächen sorgen für ruhige Blickpunkte und strukturieren den Garten.

Blühende Beete

Blumen erinnern uns an Oasen, an das Paradies und an wahre Schönheit. Arten, die Nutzinsekten anlocken und dem Boden gut tun, sind außerdem noch ökologisch wertvoll. Viele Blumen ohne Duft und Nektar, die nur wegen ihrer Farben oder üppiger Blüte gezüchtet wurden, werden von Wildtieren verschmäht.

Die auffallend blühende einjährige Spinnenpflanze

SMART

In Blüte kaufen

› **Kaufen Sie Containerstauden,** wenn sie gerade blühen. So kaufen Sie nicht die „Katze im Sack". Containerstauden kann man das ganze Jahr über pflanzen.

Von der Auswahl bis zur Kombination

▸ **Wählen Sie** solche Pflanzen aus, die in Ihrer Gegend gut wachsen. Achten Sie auf die Blütezeiten, damit Sie das ganze Jahr über Farbe im Beet haben.

▸ **Verwenden Sie** keine exotischen Pflanzen, die schwierig zu kultivieren sind.

▸ **Kombinieren Sie** auf den Beeten hohe Pflanzen mit niedrigen und lebhafte Farben mit zurückhaltenden.

▸ **Achten Sie** darauf, dass Pflanzen mit denselben Ansprüchen: schattig, halbschattig, sonnig, feuchter oder trockener Boden, zu-

sammenstehen. In der Nähe des Hauses sollten zarte Farben dominieren, den Hintergrund des Gartens kann man mit lebhafteren Arten bestücken, die gut zur Geltung kommen: große Blätter, auffällige Blüten und Farben.

Wilde Schönheiten

Säen oder pflanzen Sie Wildblumen in großen Gruppen, die Wirkung ist dann besser. Eine gute Bodenvorbereitung ist notwendig. Wildblumen und deren Samen sollten nicht in der Natur gesammelt werden. Viele Bio-Anbieter haben für die verschiedenen Lagen entsprechende Mischungen im Sortiment. Geeignet sind: **Stauden** wie Schafgarbe, Hundskamille, Glockenblume, Flockenblume, Mädesüß, Seifenkraut oder **Einjährige** wie Dill, Borretsch, Kornblume,

Bäume, Stauden und Einjährige in Kombination – ein gutes Beispiel für natürliche Bepflanzung.

Ringelblume, Goldmohn, Vergissmeinnicht und Klatschmohn.
Sie können diese Arten von speziellen Züchtern beziehen.

Rustikales Flair

Gestalten Sie Ihre Pflanzungen artenreich. Vorlieben der Pflanzen für Schatten, Licht, trockenen oder feuch-

ten Boden sollten aber unbedingt beachtet werden. Versuchen Sie es mit:
▸ Pflanzen, die es hell und trocken mögen: Akanthus, Stockrose, Affodil, Sonnenhut, Iris, Nachtkerze, Katzenminze;
▸ Pflanzen, die es halbschattig und feucht mögen: Anemone, Akelei, Fingerhut, Schneerose, Taglilie, Veilchen, Dreimasterblume, Immergrün, Waldrebe.

Setzen Sie Kletterpflanzen ein.

Rosen – im Garten unverzichtbar.

Grün satt

In einen naturnahen Garten passt kein englischer Rasen! Entspannungsbereiche können ebenso gut mit Wiesenrasenmischungen versehen werden. Heimische Arten siedeln sich dann auch spontan an, und durch regelmäßiges Mähen werden die anpassungsfähigen Arten ausgelesen. Mähen Sie die Wiese nur zweimal im Jahr ab.

Bio-Wiese

Wichtig ist die Bodenvorbereitung. Entfernen Sie auf der anzusäenden Fläche Wurzeln von ausdauernden Unkrautpflanzen wie Distel, Ackerwinde, Quecke. Anschließend muss der Boden gelockert, geebnet und geglättet werden. Säen Sie eine Mischung aus Gräsern und Wiesenblumen aus. Das Saatgut wird mit einer Harke in den Boden eingearbeitet. Trittbelastung vertragen: Englisches Raygras, hohe Schwingelarten und Wiesenrispengras.

Die richtige Pflege

Nachdem er hoch genug ist, wird der Rasen regelmäßig je nach Niederschlag alle 8 bis 15 Tage gemäht. Lassen Sie den Rasenschnitt liegen. Wenn Sie den Rasen regelmäßig mit etwas Kompost versorgen, wird kein Moos auftreten. Verwenden Sie weder chemische Unkrautvernichter noch Dünger. Bei Feuchtigkeit wird kurz gemäht, in trockenen Sommern lässt man die Gräser länger. Achten Sie darauf, dass die Messer des Rasenmähers scharf sind. In Trockenperioden vergilben Gräser. Wenn sie grün bleiben sollen, muss sehr viel gewässert werden.

> **SMART**
>
> **Futter für Regenwürmer**
>
> › **Laub im Herbst** liegen lassen. Gehen Sie mit dem Rasenmäher darüber, um es zu zerkleinern. Regenwürmer werden es rasch in den Boden ziehen.

Eine ausgewogene Bepflanzung

Den Rasenmäher in Maßen einsetzen

Mohn – eine typische Naturgartenpflanze

Der Aroma-garten

Für die Kultur von Gewürzkräutern und aromatischen Pflanzen braucht man nur wenig Platz. Da sie in der Küche verwendet werden, sollte man sie auch in der Nähe des Hauses anbauen.

Ausdauernde Gewürzkräuter eignen sich gut für Beete und Steingärten.

Manche von ihnen mögen frische Böden, andere trockene und sonnige Lagen. Damit sich die Aromen optimal entwickeln, sollten Sie Ansprüche der Kräuter beachten. Viele Gewürzkräuter finden auch zwischen anderen Kulturen Platz. Sie sehen dann nicht nur schön aus, sondern vertreiben mit ihrem Duft auch Schädlinge.

Mehrjährige Pflanzen

▸ Auf trockenen, durchlässigen und sonnigen Böden gedeihen Lavendel, Rosmarin, Salbei, Thymian, Lauchzwiebel, Fenchel.
▸ Auf feuchten Böden wachsen Minze, Liebstöckel, Zitronenmelisse, Estragon, Schnittlauch und Meerrettich.

Ein- und zweijährige Pflanzen

▸ Einjährige: Basilikum, Kerbel, Koriander, Rauke, Kapuzinerkresse und Borretsch, mögen durchlässige Böden.
▸ Mehrjährige: Sie brauchen zwei Vegetationsperioden für ihre volle Entwicklung, also Pflanze, Blüte und Samenbildung. Dazu zählen: Petersilie, Engelwurz, Nachtkerze, Königskerze. Sie bevorzugen Vollsonne und bieten uns abwechselnd Wurzeln, Blüten und Samen.

SMART — Dekorative Kräuter

› **Ausdauernde Kräuter** sehen in Steingärten und zu Kissen, Kugeln oder niedrigen Hecken und Einfassungen geschnitten sehr dekorativ aus.

SMART — Vor Sonne schützen

› **Basilikum** wächst gerne im Halbschatten anderer Pflanzen und auf feuchten und nährstoffreichen Böden. Pflanzen Sie ihn zwischen die Tomaten, denn er vertreibt Schädlinge mit seinem Duft.

Eine typische Beetbegrenzung in naturnahen Gärten.

Der Gemüsegarten

Ob groß oder klein, ein Gemüsegarten verschafft Freude und Zufriedenheit. Die Üppigkeit und Vielfalt an Blättern, die Fülle von Geschmacksrichtungen und Farben, Früchten und Gemüsearten beleben alle Sinne. Außerdem kann man mit Freunden und Nachbarn tauschen und teilen.

Grundkenntnisse sammeln

Was Sie wissen sollten:
▸ Welche Lebensdauer haben die Gemüsepflanzen? Sind sie einjährig, zweijährig oder mehrjährig? Ausdauernde Arten, die über mehrere Jahre erhalten bleiben: Artischocke, Meerrettich, Rhabarber, Erdbeeren; Ein- und Zweijährige: Salate, Kohl, Spinat, Möhren.
▸ Wie viel Platz brauchen Sie? Eine Salatpflanze 20 × 20 cm, ein Kürbis 1,50 × 1,50 m.
▸ Wann kann geerntet werden? Radieschen nach einem Monat, Salate nach zwei Monaten, Lauch nach acht Monaten bis einem Jahr.
▸ Wann eignen sich Zwischen- oder Untersaaten? Säen Sie zwischen groß werdende Pflanzen, die viel Platz brauchen, schnellwüchsige kleinere Gemüse aus wie Radieschen, Salate, Kerbel, Koriander. Sie entwickeln sich, bevor die größeren Nachbarn soweit sind.

Wichtige Pflanzenfamilien

Die Einteilung von Gemüse
Die wichtigen Pflanzenfamilien sind die Korbblütler, Doldenblütler, Liliengewächse, Schmetterlingsblütler, Kreuzblütler, Kürbisgewächse und Gänsefußgewächse. Pflanzen der-

Möhren zählen zum Wurzelgemüse.

Kürbis ist ein Fruchtgemüse.

Der rotstielige Mangold ist ein Blattgemüse.

selben Familie sind oft anfällig für dieselben Krankheiten und benötigen die gleichen Nährstoffe. Kartoffeln (Nachtschattengewächs) sind zum Beispiel anfällig für Mehltau, ebenso wie Tomaten aus derselben Familie.

Einteilung nach Verwendungsart

Man kann die Pflanzen auch nach Blatt-, Frucht- und Wurzelgemüse einteilen. Zum Beispiel sind Salat, Spinat, Kohl, Stangensellerie und Petersilie Blattgemüse, von denen vornehmlich die Blätter geerntet werden. Blattgemüse mag reifen Kompost, Fruchtgemüse (Tomate, Kürbis, Paprika) braucht frischen Kompost.

Die gelben Zucchini sind Fruchtgemüse.

Die Freude am Ernten und Weitergeben.

Gut geschützt

▸ Gemüse mag weder Wind noch Schatten. Es braucht das ganze Jahr über einen vorwiegend sonnigen Standort. Wählen Sie einen Platz, der nicht von Mauern und Bäumen beschattet ist. Schutz gegen Wind bieten vor allem frei wachsende Hecken.

▸ Gärtnern Sie mit den Jahreszeiten. Pflanzen, säen und pikieren Sie zum richtigen Zeitpunkt. Gemüse reagiert sehr empfindlich auf den Unterschied zwischen Tag und Nacht. Wer-

den sie zur falschen Jahreszeit gepflanzt, zeigen sie verkümmerten Wuchs oder gedeihen gar nicht.

Ein Turm für die Pflanzen

› **Wenn der Platz knapp wird,** können Tomaten, Kürbisse, Kartoffeln und Erdbeeren auch in die Höhe wachsen. Bauen Sie einen zylinderförmigen Behälter aus Drahtgeflecht, füllen Sie Kompost ein und bepflanzen Sie ihn rundherum.

Mischkulturen und Fruchtfolgen

Die Idee, Pflanzen in Mischkulturen zu ziehen, beruht auf den Beobachtungen in der Natur. Wildkräuter leben in ausgewogenen Gesellschaften und helfen sich gegenseitig, um zu überleben. Diese Methode macht man sich beim Mischkulturenanbau zunutze.

SMART

Fruchtfolge einhalten

> **Auf derselben Anbaufläche** dürfen Zwiebel, Knoblauch, Schalotte, Lauch, Kohl, Steckrübe, Radieschen, Erbsen sowie kranke Pflanzen erst wieder nach vier bis fünf Jahren angebaut werden.

Das Prinzip

In jeder Reihe wächst eine andere Art. Sind die Reihen sehr lang, können Sie Kulturen mischen, die sich gegenseitig begünstigen. Zwischen den Reihen kann gemulcht werden, oder man platziert hier noch Einjährige wie Ringelblumen. Der Boden ist mit dieser Bewirtschaftung immer bedeckt.

Mischkulturen

Diese Methode lässt sich in kleinen Gärten anwenden. Legen Sie im Gemüsegarten Reihen mit abwechselnden Kulturen an.

▶ Der Boden ist abgedeckt: geschlossene Pflanzendecke, Mulchschicht, Gründüngung
▶ Der Boden ist maßvoll vorzubereiten und darf nie umgegraben werden. Am besten setzen Sie die Bio-Grabegabel ein.
▶ Setzen Sie keine chemischen Dünge- und Zusatzmittel ein.
▶ Grunddüngung mit Kompost ist gut für Starkzehrer: Kohl, Gurke, Aubergine, Tomate, Sellerie.

Mischen verboten!

Knoblauch und Buschbohne, Stangenbohne

Kohl und Chicorée, Erdbeere

Gurke und Kartoffel, Tomate

Zucchini und Blumenkohl, Fenchel

Erdbeere und Kohl, Blumenkohl, Kohlrabi

Buschbohne und Knoblauch, Schalotte, Fenchel, Zwiebel

Kopfsalat und Petersilie

Zwiebel und Buschbohne, Stangenbohne, Erbsen

Petersilie und Kopfsalat, Erbse

Kartoffel und Aubergine, Gurke, Mais

Tomate und Kohlrabi, Gurke, Fenchel

Diese Kürbisart benötigt viel Platz und Kompost.

Fruchtfolge

Auf jeder Anbaufläche wechseln die Kulturen jedes Jahr. Ohne diese Fruchtfolge besteht die Gefahr, dass Schädlinge und Krankheiten auftreten. Legen Sie sich jedes Jahr einen Gartenplan an, damit Sie wissen, wann wo welches Gemüse stand. Durch Fruchtfolgen verhindert man die sogenannte Bodenmüdigkeit.

Was Pflanzen wollen

In Mischkulturen treten seltener Krankheiten auf.

Bestimmte Pflanzen benötigen regelmäßige Kompostgaben, während diese für andere eine Quelle für Krankheiten bilden. Informieren Sie sich also vor der Kompostausbringung, welche Pflanzen diesen natürlichen Dünger vertragen. Bringen Sie je nach Kultur reifen oder frischen (drei Monate bis ein Jahr alten) Kompost aus. Die Mehrzahl der Wurzelgemüse und Salate brauchen gut gereiften (acht Monate alten) Kompost.

Stickstoff für die Pflanzen

Stark-zehrer	150 g Horn-dünger für 1 m² in zwei Teilgaben	Aubergine, Artischocke, Cardy, Stangensellerie, Blumenkohl, Brokkoli, Knollensellerie, China-kohl, Gurke, Kürbis, Spinat, Erdbeere, Mais, Melone, Paprika, Lauch, Kartoffel, Tomate
Mittel-zehrer	100 g Horn-dünger für 1 m²	Rüben, Mangold, Möhre, Chicorée, Kopfsalat, Bohne, Pastinake, Erbse
Schwach-zehrer		Knoblauch, Melde, Rosenkohl, Kresse, Schalotte, Dicke Bohne, Feldsalat, Steckrübe, Zwiebel, Radieschen

Mischkultur in der Praxis

Die Pflanzen haben besondere Anforderungen an Wasser und Licht. Setzen Sie sie nicht zu dicht, vor allem nicht in kalten und feuchten Gegenden. Beachten Sie die optimale Fruchtfolge. Auf derselben Anbaufläche dürfen Gemüse derselben Gruppe nicht aufeinander folgen: Wurzelgemüse, Blattgemüse, Fruchtgemüse. Zum Beispiel nicht Spinat auf Salat, Möhre auf Rübe.

Der Obstgarten

Um einen möglichst hohen Ertrag zu erzielen, sollten Sie Sorten aus Ihrer Region aus-wählen. Das hat auch den Vorteil, dass diese Bäume schnell anwachsen und wenig krankheitsanfällig sind. Fragen Sie bei Nachbarn, in Gärtnereien und Baumschulen nach. Probieren Sie auf regionalen Märkten, bevor Sie sich für eine Sorte entscheiden.

Welche Baumform ist die richtige?

Kaufen Sie junge Bäume, die leichter einwachsen und auch erschwinglich sind. Die kleinen Bäume sind nicht formiert und benötigen nur ein Minimum an Schnitt. Sie können wählen zwischen:

▶ **Einjährige Veredelung:** Diese Bäume sind ein Jahr zuvor veredelt worden und müssen noch formiert wer-den, das heißt man kann sie selbst beispielsweise zu Hochstämmen oder als Spa-lierobst ziehen.

▶ **Niederstamm:** Ideal für kleine Gärten. Die Bäume haben sich schon verzweigt, und können zu bestimmten Formen gezogen sein: Pal-mette, U-Spalier, Kordon (Spalierbäumchen). Die Ernte ist sehr leicht, und Niederstämme fügen sich in den Obstgarten ein, ohne viel Schatten zu werfen.

▶ **Halbstamm:** Die Stamm-länge beträgt 100 bis 120 cm. Halbstämme sind ideal für einen mittelgroßen Obstgarten, die Ernte geht leicht vonstatten.

Die Quitte ist widerstandsfähig, ertragreich und eignet sich für jeden Boden.

SMART

Schub für die Bäume

› **Schneiden Sie** im März die Rinde am Stamm von Steinobstbäumen, die drei oder vier Jahre alt sind, auf 50 bis 100 cm Länge senk-recht ein. Das fördert ihr Wachstum.

▸ **Hochstamm:** Für große Obstgärten und Streuobstwiesen geeignet. Der Stamm erreicht eine Länge von 180 bis 200 cm. Hochstämme sind pflegeleicht und ideal für Wiesen mit Tieren.

Guter Rat muss nicht teuer sein:

▸ **Kauf:** Erkundigen Sie sich über die Veredelungsunterlage. Sie ist je nach Boden unterschiedlich und hat Einfluss auf die Wuchskraft des Baums.

▸ **Pflanzung:** Setzen Sie stabile Stützpfähle ein. Lockern Sie die Anbindungen jedes Jahr.

▸ **Nach der Pflanzung:** Versorgen Sie die Bodenoberfläche mit Kompost. In den ersten zwei Jahren mulcht und gießt man regelmäßig. Abgestorbene Äste werden abgeschnitten. Bei übermäßigem Wachstum dünnen Sie zu dichte Bereiche aus. Das Astgerüst muss regelmäßig sein. Es darf nichts nach innen wachsen. Entfernen Sie die ersten Fruchtbehänge.

Schutz vor Feinden

▸ Versehen Sie den Stamm mit einem Kalkanstrich, dem noch Kuhmist und eine Schachtelhalmbrühe beigemischt wurde. Diese Maßnahme schützt die Rinde und vernichtet die Eigelege von Schädlingen.

▸ Umwickeln Sie die Stämme mit Leimringen, um Ameisen und dadurch Blattläuse fernzuhalten. Zur Vorbeugung von Pilzkrankheiten sprüht man in gefährdeten Regionen Schwefel oder Mittel auf Kupferbasis.

▸ Fallen mit Sexuallock-

Ein Halbstamm-Apfelbaum sorgt in Ihrem Garten für freie Aussicht.

stoffen sind gegen Obstmaden sehr wirksam.

▸ Krankheiten und Schädlinge kann man mit Jauchen, Brühen und Tees bekämpfen (siehe Seite 38–41).

Es gibt viele Apfelsorten für jede Region.

Die Mirabelle ist eine köstliche Pflaumenart.

Probieren Sie mehrere Himbeersorten aus.

Gartenkalender der vier Jahreszeiten

Dieser Arbeitskalender führt Sie durch die Jahreszeiten. Alle anfallenden Arbeiten sind im Überblick zusammengefasst, damit Sie zum richtigen Zeitpunkt das Richtige tun.

Frühling: März, April, Mai

Stauden zurückschneiden, alle welken Teile entfernen. **Sommerblühende Stauden** und Zwiebeln pflanzen. **Baumscheiben** von Obstbäumen mit Kompost versorgen. **Im Freiland pflanzen:** Zwiebel, Schalotte, Knoblauch, Kartoffel **Aussaat:** Melde, Möhre, Kerbel, Spinat, Dicke Bohne, Kopfsalat, Pastinake, Petersilie, Kohlrabi. **Wurzelnackte Bäume pflanzen,** außer bei Frost. **Rosen** zurückschneiden, außer bei Frost. **Sämlinge** von unerwünschten Wildkräutern entfernen. **Schnitt** bei Apfel-, Birn- und Pfirsichbäumen.

An den Obstbaumstämmen Leimringe anbringen (z. B. Apfel, Kirsche). **Einjährige Sommerblumen** aussäen (z. B. Kapuzinerkresse, Tagetes, Schmuckkörbchen, Ringelblume). **Alle Kohl- und Rübenarten,** Melde, Sommersalate im Mai aussäen. Kürbis, Gurke, Melone, Lauch, Paprika und Mais Ende Mai aussäen. **Auf Blattlausbefall bei Obstbäumen achten:** Ein natürliches Insektenschutzmittel anwenden. **Fallen gegen Schnecken aufstellen.** Raupen und andere Schädlinge bekämpfen oder mit Pflanzenjauchen und -brühen abwehren (siehe Seite 38–41)

Sommer: Juni, Juli, August

Unkraut jäten, um den Boden aufzulockern und mulchen, um Gießwasser zu sparen. Morgens und abends gießen. Einige Gemüsearten können noch ausgesät oder gepflanzt werden. Kartoffeln, Bohnen, Erbsen, Dicke Bohnen, Mais und Lauch im Juni und Juli anhäufeln. **Schädlinge** im Obstgarten bekämpfen. **Zu dichte Fruchtbehänge ausdünnen,** Äste mit schwerem Fruchtbehang stützen. **Frühlingsblühende Sträucher** zurückschneiden. Pikierte Sämlinge gießen. Verwelkte Blüten entfernen. **Weinreben** mit Schachtelhalm und Kupfer behandeln.

Lange Triebe von Weinreben zurückschneiden.
Zweijährige Sommerblumen aussäen.
Kompost ausbringen.
Aussaat im Juli/August: Feldsalat und Spätsorten von Radieschen.
Winterkohl, Blumenkohl und Kopfsalat pflanzen.
Junge Bäume bei Trockenheit wässern; Hecken und Himbeersträucher mulchen.
Koriander und Kerbel nachsäen.
Erdbeeren durch Ausläufer vermehren.
Krankheiten bekämpfen: Echter und Falscher Mehltau.
Nach der Ernte Spinat, Rüben, Rettich und Gründüngungspflanzen säen.
Zuckerhut (Zichorie) und Wintersalate aussäen und pikieren.
Wespenfallen an den Weinreben anbringen.

Herbst: September, Oktober, November

Den **Boden** verbessern.
Die **Rinde** von Obstbäumen abbürsten und einen Kalkanstrich (Kuhmist und Kompostauszug zugesetzt) auftragen.
Bäume und Sträucher, außer Nadelgehölze und Immergrüne, zurückschneiden.
Bäume auslichten, außer bei Frost.
Obstbäume gegen Krankheiten und bei Blattfall mit Kupfer behandeln.
Die **Anbindungen**, die in die Rinde einschneiden, lockern.
Wurzelnackte Bäume und Sträucher sowie frühlingsblühende Knollen und Zwiebeln pflanzen.
Weiße und Rote Zwiebeln, Wintersalate, Spinat, Gründüngungspflanzen für Winter (Buchweizen, Winterwicke, Roggen, Senf), Dicke Bohnen, Erbsen aussäen.
Stecklinge abschneiden.
Mit dem Rasenmäher über das Falllaub fahren, um es zu zerkleinern und zu kompostieren.
Verdichtungen im Boden mit der Bio-Grabegabel aufbrechen und als große Erdschollen belassen.

Winter: Dezember, Januar, Februar

Den **Boden** mit dem Spaten lockern, ohne umzugraben.
Kompost ausbringen.
Beim **Pflanzen** von Bäumen die Wurzeln mit einem Kalkbrei überziehen.
Hecken pflanzen.
Nistkästen anbringen. Die Vögel nicht vergessen, sie haben Hunger und Durst.
Samen bestellen.
Dem Kompost etwas Asche (nicht zu viel!) aus dem Kamin beimischen. Den Rest über die Beete streuen.
Schneiden Sie Stützpfähle für den Sommer: Haselnuss, Akazie, Kastanie.
Wühlmausfallen aufstellen.
Blumen und Gemüse unter Glas (Gewächshaus oder Frühbeetkasten) aussäen.
Trockene Samenstände für hungrige Vögel stehen lassen; aus Laub und Reisig Haufen formen: Amphibien und Nutzinsekten können in Ruhe überwintern.

Haben Sie noch Fragen?

❶ Was kann man machen, damit Nützlinge sich im Garten niederlassen?

Es gibt viele Tiere, die den Garten von Schädlingen freihalten. Jeder Schädling hat mehrere Fressfeinde. Schaffen Sie natürliche Bereiche wie Tümpel, Hecken, Reisighaufen, Wiesen, Steingärten und einige ausgehöhlte alte Bäume, in denen Nützlinge Unterschlupf finden.

❷ Wasser ist kostbar, wie kann man damit sparsam umgehen?

Gießen Sie nur, wenn es wirklich erforderlich ist, installieren Sie eine Tropfbewässerung. Mulchen Sie den Boden, um die Verdunstung zu verhindern. Decken Sie ihn mit Kompost ab, damit er feucht bleibt. Fangen Sie das Regenwasser auf.

❸ Soll man den Boden abdecken oder nicht?

Der Boden ist empfindlich und muss vor Wind, Sonne, starken Regenfällen oder Frost geschützt werden. Helfen Sie ihm, damit er fruchtbar bleibt. Warten Sie im Frühjahr, bis der Boden warm genug ist, um ihn zu mulchen. Decken Sie ihn bei feuchter Witterung nicht ab, außer mit Kartons oder schwarzer Folie.

❹ Wie kann man gärtnern, ohne sich körperlich abzuplagen?

Bauen Sie den Garten nach Ihren Möglichkeiten an. Benutzen Sie gute und gepflegte Gartengeräte. Verringern Sie die Flächen, die zu mähen sind. Graben Sie den Boden nicht um, lockern Sie ihn! Mulchen unterdrückt das Unkraut. Nehmen Sie etwas Wildwuchs in Kauf. Besorgen Sie einen Liegestuhl und nehmen Sie sich Zeit für Ihre Erholung!

❺ Gibt es „Unkräuter"?

Sie wachsen eher zur falschen Zeit und am falschen Platz. Um sie zu unterdrücken, sollten Sie regelmäßig jäten und den Boden abdecken. Lassen Sie diese Kräuter nicht zu groß werden. Schneiden Sie sie zurück, bevor sie Samen ansetzen und sich vermehren.

❻ Warum sind Wasser und Hecken für den Garten lebenswichtig?

Eine der wichtigsten Aufgaben einer Hecke ist die Wasserregulierung. Hecken bieten der Erosion Einhalt und machen den Boden mithilfe der Wurzeln an der Oberfläche und in der Tiefe durchlässig. Ein Tümpel ist ein natürliches Ökosystem, das zahlreichen Nützlingen wie Amphibien und Libellen einen Lebensraum bietet.